こうすれば小論文に強くなる

―― 消防小論文・上達のための戦略 ――

高見 尚武 著

真の知識を手に入れたい人は、誰でも険しい山を一人で登らなければならない。

（ヘレン・ケラー）

近代消防社 刊

目次

まえがき

第一講　なぜ文章がうまく書けないのか

第二講　書く能力を高めるには

第三講　「話す力」、「書く力」を高めるには

第四講　知識の向上をはかるには

第五講　よい小論文を書くための戦略

第六講　知識、情報の整理と戦略

第七講　文章と人格

第八講　昇任試験に失敗したならば

あとがき

まえがき

中村俊輔といえば、日本人で初めて欧州リーグでのMVP賞を得た世界的なサッカー選手です。この人が書いた「察知力」には、桐光学園の二年生の頃からサッカー部のトレーナーの先生に勧められ、「サッカーノート」を書き続け、「察知する」、「考える」、「日々書くこと」を習慣づけた、と述べています。

世界的に有名なプロゴルファー・片山晋呉選手は、母校の講演会で、大勢の子供達を前に、一流のプロになるには、「夢と希望を持って人生を歩むこと」が重要だと話しをしています。趣味は読書、スキー、釣り、だそうです。

二人の選手に共通するのは、読書、書くこと、であり、徹底した自分流のノウハウがあります。

このことは私にとって驚きであり、新たな発見でありました。失礼な言い方かも知れませんが、スポーツ選手は指導者の教えに従い、日々、汗をかきながら地道に訓練を繰り返し、「ものごとを深く考え、読書し、文章を書く」こととは縁遠いもの、と思っていましたが私の全くの認識不足でした。

小論文対策で最初からサッカーやプロゴルファー選手の話しが飛び出し、読者の皆さんは、さぞかし戸惑

いを感じられたのではないでしょうか。ここで述べたいことは、一流の選手になるには、**本を読み、ノートをつける習慣**等、日常生活のなかに能力向上のためのノウハウがあること。このことはスポーツに限らず、いかなる職業においても人から認められる存在になるには、「**読書**」、「**書くこと**」が不可欠の要件だといえます。

さて、皆さんは、日常生活のなかで能力向上を図るにはどのようなノウハウを持ち、習慣づけていますか？　小論文対策は単なる試験のための対症療法として捉え、楽をして即効性のある特効薬を探しているのであれば、この本は、そのような目的のために書かれたものではないことを最初にお断りしておきます。

昔から「努力に勝るものはなし」といいます。努力なしに「能力の向上」はあり得ないのです。問題は、同じ努力をするにしても無駄な時間を多く費やし、徒労に終わるようでは努力することの意味がありません。ノウハウを身につけ、習慣づけて、効果の上がる方法（ノウハウ）を身につけることが重要です。

これから述べることは、私自身の体験、知り得た知識、参考文献等を通じて効果の上がる小論文対策についてのお話しです。

○ 小論文対策に王道なし

「学問に王道なし」といいます。エジプト王がユークリッド（BC300年・ギリシャの数学者）に「幾何学を簡単に学ぶ方法はないか？」と訊ねたところ、「幾何学に王道なし」と答えたそうです。「王道」とは、国王の行うべき政治のやり方といった意味のほかに（王が通るような）楽な道。転じて、「安易な方法」をいうのだそうです。

「学問を学ぶに王道なし」は、文章作成能力を高める場合も同じで、「文章の上達に王道なし」といえるでしょう。

書店で「90分でわかる世界史の読み方」、「3週間で英語がマスターできる」といった表題の本を見かけます。世界史をたった90分で理解し、3週間で英語をマスターできるとは思えませんが、このような表題をみると、つい手を出したくなるのではないでしょうか。

昇任試験が目前に迫ると、慌てて試験問題集、文例集等を買い求め、巧い小論文が書ける方法がないかと思案する方もいるでしょう。あえて繰り返しますが、楽をして成果の上がる方法は残念ながらないのです。

○ こうすれば、小論文に強くなる

小論文対策について書かれた参考書の多くは、「どのような目標を立てて努力をすればよいか」、について書かれた本は少ないように思います。私はかつて現職にいた頃、昇任試験に際し、過去に出題された問題についてどのような戦略を立てて準備をすればよいか、戸惑ったことがあります。

そこで自らの判断で、①倫理、道徳、②マネジメント、リーダーシップに関する本を買い集め、数多く読むように努めたことがあります。管理・監督者として仕事をするうえで基本になると考えたからです。

そこで「幹部はいかにあるべきか」、幹部としてのあり方を研究し、学ぶようにしました。読者の皆さんに「雲を掴むような話しで、対策ではないのではないか」と反論されそうですが、よく考えてみて下さい。昇任試験に出てくる問題や小論文の多くは、幹部としてのあり方、人格、教養、知識、能力、識見がどのように備わっているかどうかを判定する試験だと思います。

階級ごとの試験に合格すれば、それでよしとする考えもあると思いますが、私は、あまり階級ごとの試験に捉われないで、①幹部としての人格識見、②マネジメント力（経営管理）・管理・監督能力、リーダーシップ、人間関係等を目標に学ぶことが得策と思います。

というのは、昇任試験は消防士長、消防司令補、消防司令、消防司令長に区分されますが、いずれの試験でも基本をなすものは、「経営管理」・「監督能力」、「リーダーシップ」等の問題が中心です。強いていえば、士長、司令補は「監督能力」、司令・司令長試験では「経営管理・監督能力」にウエイトがかかります。これらのことを考えますと、少しでも早い段階から人格の形成（倫理・道徳感）、経営管理（マネジメント）、リーダーシップ、部下指導等のあり方について能力を高めることが重要です。

自らどのような幹部になりたいか、自ら理想とすべき幹部像をイメージし、これに向かって努力することです。職場の中で優れたリーダーシップを発揮している幹部をイメージするのもよいでしょう。あるいは尊敬すべき人、歴史上の著名な人物でもよいのです。

実務に関する知識、技能は勿論、大事なことですが、一番大切なことは、人間としての誠意であり信頼性です。次に管理・監督能力、ものの見方、考え方、強いリーダーシップ等を高めることです。能力の向上を図るには、日々の自己啓発が必要です。自己啓発に必要な時間をどう捻出するか、目標の立て方、ノウハウの持ち方、実践方法等、少しでも若いときから自分なりに目標を立て日々の生活のなかに習慣づけることが大事です。

平素の仕事の仕方、考え方、努力の仕方について考えるべき問題が少なくありません。

小論文対策は、日常の生活、職場での仕事、通勤途上の活用等、創意工夫することによって成果を高めることができます。本を読む暇がない、勉強する時間がない、というのは、単なる言い訳に過ぎないのです。

職場では、ただ漫然と仕事をするのではなく、仕事の進め方、目標管理、部下指導、経営管理（マネジメント）等、ものごとを原理・原則に当てはめて仕事をすれば、自ずから問題意識が芽生えるようになります。

「考えて仕事する」、「創造性を発揮する」、「リーダーシップのあり方」、「部下指導」等、あるべき姿を考えることで幅広い知識、情報を得ることができるのです。

本を読み、情報を整理し、自己啓発に努めることは辛いことだと思うでしょうが、慣れてくれば苦になるどころか、むしろ楽しみや充実感を感じるようになります。

何事も習慣づけが大事です。一日でもやるべきことをやらないでいると、なにか忘れ物をしたような気になります。日々の生活のあり方を見直し、目標を立て、最初は多少の苦痛が伴おうとも実践してみることです。

黙々と三ヶ月、半年、一年と継続すること。そして生涯続けるのです。このようなことを言うと読者の皆さんから小論文対策に生涯とは何事か、とお叱りを受けそうです。しかし考えてみて下さい。人の上に立って仕事をする以上、信頼される人間性、知識・情報が必要です。本を読み、書くことも重要です。昇任試験にパスすれば、それで良しとしないで、大所高所に立ってものごとを判断し、生涯、能力の向上に努める必要があります。

ヘレン・ケラーは、「**真の知識を手に入れたい人は誰でも、険しい山を一人で登らなければならない。頂**

上へは楽な道などない。それなら私は自分なりにジグザグに登ればいい。何度も足を滑らせては後退し、ころび、立ち止まる。隠れていた障害物にぶつかって、怒りに我を忘れることもある。それでも気を取り直し、意気高らかに進むのだ。足取りが重くなっても、少しずつ前へ進めば、元気がわいてくる。そしてさらにやる気が出て、ずんずん上まで登っていける。ついに広がる地平線が見えはじめた。苦しんだ一歩一歩が勝利なのだ。もうひと踏ん張りすれば、輝く雲に、青空の深みに、そして夢見ていた頂上に到達できる。」

（「奇跡の人　ヘレン・ケラー」新潮文庫、P.137）

と述べています。

特に、若い消防士長、消防司令補の皆さんは、一つ一つの昇任試験だけにパスすればよい、と考えないで長期展望のもとに目標を立てて、日々、自己啓発に努めてほしいのです。

作家、山本周五郎は、「人間がこれだけは、と思い切った事に十年しがみついていると大抵ものになるものだ」（花筵）と述べています。小論文試験に良い点数をとることも勿論、大事なことですが、自らの専門性をもつために十年を目標に努力することが重要です。

私は、消防士長の頃から経営学やマネジメント、リーダーシップ、人間学に興味をもって、自らの柱にするために微力ながら努めてきましたが、このことは、消防で仕事をするうえで大変役に立ちました。企業に勤め、今も危機管理、リスク管理、マネジメントなどに関する本を書いていますが、目標を持って十年努力を続ければ、人に負けない自らの専門領域をつくることが可能です。

○ 管理・監督能力は、マネジメントに学べ

日本の社会は、歴史的にみて「組織」、「経営」、「管理」、「リーダーシップ」等に関する研究は、残念ながらみるべきものがありません。多くは抽象的で観念的な言葉の説明が多いのです。

例えば「しっかりやれ!」、「注意してやれ!」、「事故のないようにやれ!」といってみても、どのように、しっかりやればよいのか? どのような点に注意してやればよいのか? どのような点に注意して事故のないように行えばよいのか? 一番大事なところは、個人に負わされているのです。これでは指導したことにはならないばかりか文章を書くにしても説得力のある文章は書けません。

日本語の「管理・監督」に似た言葉に「マネジメント」があります。外来語ですが、今や日本語化しています。

マネジメントは日本語で「管理」「経営管理」を意味し、「計画・組織・指導・統制」をいいます。具体的には、組織の管理、仕事の管理、人事管理、人間関係、職場士気、安全管理、目標管理、部下指導、教育訓練等を通じて組織目的を達成するに必要な管理のあり方をいうのです。言い換えれば、「人」・「もの」・「かね」・「情報」・「組織」等を適正に効率的な運用・管理を行うことをいいます。ここには、「しっかりやる」にはどうすればよいか、「注意すべき点はなにか」、「事故を起さないようにするには、どうすれば良いか」等、管理や指導のあり方について説明しています。

マネジメントは、主として企業向けの経営管理について書かれているので、消防とは関係がないと考えやすいのですが、決してそうではありません。企業と公務のあり方、目的が異なるにせよ、経営的な考えを持って組織、人事、安全、財務、部下指導、教育等を行ううえで、多くの類似点があります。

経営管理(マネジメント)を学び、職場の現状と相互比較することで、原理原則に沿った運営管理が為されているか、更にはあるべき姿が浮き彫りになってきます。ここが大変、重要です。前例踏襲主義では何の発想も芽生えてきません。当然のことながら進歩発展もないのです。

「マネジメント」は決して難しいものではありません。科学的、合理的で分かりやすく説明しています。小論文で出題される問題の多くに何らかのヒントや手がかりが得られると思います。

○ 戦術・戦略なしに勝利なし

私は消防士長の頃、「管理・監督能力を高めるにはどうすればよいか」、と試行錯誤したことがあります。この結果、「人間学」を学び、「マネジメント」や「リーダーシップ」について、しっかりと学ぶことが重要と考えました。小論文を上手に書くにはどうすればよいか、については、ほとんど重きを置きませんでした。何故かというと、過去に出された小論文の事例を中心に対策を考えても意味がないと考えたからです。「幹部はいかにあるべきか」を目標に学ぶことが、いかに重要か自ら認識したからです。

人間学や経営管理「マネジメント」に関する本を買い原理原則を学び、実務に反映させるように努力しました。このことは監督者として、管理者として仕事をするうえで大変、役に立ちました。

実務に関する技術書（火災防御、火災予防技術、機械・装備、救急技術、消防用設備等）は多く出版されていますが、組織管理、リーダーシップ、人事管理、公務能率、人間関係のあり方、職場士気、安全管理等になると、消防の社会には教本が極めて少ないのが現状です。

小論文対策は、ただ漫然と場当たり的に勉強するのではなく、ここに掲げた組織、人事、公務能率、リーダーシップ等に関する図書をしっかりと読むべきです。

このため戦略・戦術が必要です。

戦略とは、もともとは軍事用語で広範な作戦計画。各種の戦闘を総合し、戦争を全局的に運用する方法を意味します。

戦術とは、個別の戦闘に伴う戦闘力の使用法を意味します。例えば、大地震で救援のため大部隊が投入されれば、大部隊の最高指揮官である統括指揮本部長、幕僚は個々の部隊が継続的に円滑に活動ができるように戦略的な発想で効率的な部隊の広域的運用を図る必要があります。

では、小論文対策でいう「戦略とは何か」、というと、広く全体を見渡し、対策のために何を為すべきかを考え実践することにあります。「戦術」とは書く力、知識・情報の整理、人間性を高めるための努力目標等をいいます。

例えば……、

① なぜ文章が巧く書けないのか
② 書く能力を高めるには
③ 話す力、書く力を高めるには
④ 知識の向上をはかるには
⑤ よい小論文を書くには
⑥ 知識・情報をどのように整理したらよいか

等、①～⑥の全体をマクロに捉え、個々の問題が円滑にいくように仕向けることを戦略といいます。これに対して「戦術」とは、①～⑥に掲げた個々の問題が個別的に効果の上がる手法をいいます。

さて、事前準備の総括的な話しは、この程度にして早速、本論に入ることにします。

第一講

なぜ、文章がうまく書けないのか

- 自分の弱点を知れ
- 閃《ひらめ》きがあるか
- 書くことだけに気をとられていないか
- 能力向上のための実践目標があるか
- 書くための訓練をしているか
- 「自分はこう考える」が、あるか
- 将来像をイメージして努力しているか

自分の弱点を知れ

自分の弱点を正しく冷静に把握しているか、この問題から入ることにします。

中村俊輔は、「プロでやっている選手は誰でも自分の弱点を知っているはず。それを口にしない選手もいるけれど、自分のことを知らないと成長できない」と述べています。いかなる職業でも、自らの能力を向上させるには、自らの欠点をシビアに把握する必要があるのです。

なぜ思うように文章が書けないのか、ただ漫然と悩んでいても問題の解決にはなりません。そこで巧く書けない理由は何か、冷静に自らの弱点を知る必要があります。

例えば……、

①　出題された問題にどう答えたらよいのか分からない
②　出題の意味は理解できるが、答案の構成が思うようにできない
③　「文章の書き出し、終わりの締めくくり」で苦労する

④　いざ書くとなると慌ててしまい、頭が真っ白になってしまう

①の問題は、知識・情報が足りないと思うようには書けません。これから小論文試験を受ける方、試験に失敗した方は、まず目的に適った書物を数多く読み、知識・情報の整理に努めることです。平素から知識・情報を整理し、試験場で、いつでも必要に応じて知識・情報が取り出せるように準備しておくことです。

では、情報の分類整理箱をどのように整理すればよいか、順序を追って説明することにします（詳しくは第六講参照）。

「読書力」、「判断力」、「応用力」が足りないと書く力が湧いてきません。読書量が少ないと知識、情報量も少ないので、どうしても過去の経験に頼らざるを得ません。しかし、経験だけでは物事の原理原則に沿った考えや論理的な考えは出てきません。読書を通じて原理原則を学び創造性を発揮し、応用する力をつけないと、内容の充実した小論文にはならないのです。

人と差をつけるには、読書が何よりも重要です。日常の仕事では、他人との関係において大きな差は生じませんが、読書量が多い人と少ない人では、ものの見方、考え方に大きな差がでてきます。

これは極めて重要なことで、是非、記憶に留めて欲しいのです。読書は雑読だけでは力は付きません。目標を定めて体系的に本を読むのです。中途半端な読書はいけません。徹底して読むのです。ただ読むのではなく、重要と思われる良書は繰り返し、繰り返し読んで重要事項を憶えるのです。知識をどう応用すればよいか、ノート、パソコン等を使い、知識の分類整理を行うようにします。

②の問題は、出題の意味は分かるが、いざ書くとなると答案の構成、書く内容（本論）が思うように出てこない。このような人は、「問題意識」、「論理構成」のあり方を学ぶ必要があります。知識をただ雑然と断片的に憶えるのではなく、知識・情報を体系化して覚えるのです。

「なぜ、そうでなければならないのか?」、「そのようなことを行うことの根拠は何か?」、「法令等に当てはめて問題はないのか?」、「質疑されれば、論理的に説明ができ、十分な説明責任が果たせるのか?」、常に自問自答する習慣を身につける必要があります。

③の問題は、最初の文章の書き出しで苦労をする人が少なくないようです。有名な作家でも小説の書き始めで数十回も書き直したという話しを聞いたことがあります。小論文は小説ではないので、難しく考える必要はありません。このことも順次、説明しますが、出題のテーマに対し、さり気なく自然体で書くようにすればよいのです。

書けない理由は、ここに掲げた三つに止まらず、いろいろな要因があると思われます。例えば、答案用紙が配られて出題を見ただけで、心臓がドキドキして頭が真っ白になってしまう人もいるでしょう。このようなときは、気分を落着かせるために、下腹に力を入れて深呼吸をします。呼吸法を身につけることも大事なことです。

試験場は時間との勝負ですから、どうしても時間を気にし、焦る気持ちから心臓が早鐘の如く鼓動し、思うように書けない人もいるでしょう。いずれにしても、自分の弱点を知り、どのような対策を立てればよいか、平素からしっかりと考えておくことです。

閃《ひらめ》きがあるか

試験場で、出題を読んだなら、あなたは瞬時に、あるいは数分以内に、書くべき要点がどれだけ閃きますか。実は、ここが重要です。閃きの遅い人は良い答案を書くことが難しいのです。

ある企業経営者は、「最近、ひらめきのある若者が減っている」といいます。閃きとは、直感（ものごとの真相を心で直ちに感じること）、鋭敏な頭の働き、すぐれた思いつき、察知（推し量って知ること）することを意味します。

黒い雲に覆われた空に一瞬、稲妻が鋭く光る如く、重要と思われるポイントを思い浮かべることをいいます。閃きや直感力をどう高めるかが重要です。

答案を採点した経験からも言えることですが、時折、白紙に近い答案（数行しか書いていない）を見かけたことがあります。おそらく何を書いたらよいのか、あれこれと思いを巡らしているうちに時間がきてしまったのでしょう。逆に答案用紙を埋め尽くすほど文章を書く人がいます。文章はある程度の量は必要ですが、そうかといって、量が多いから良い答案かというと、必ずしもそうとはいえません。出題に対し答えるべき焦点から外れていれば、どんなに沢山書いてみても得点には結びつかないのです。せいぜい書き賃くらいはもらえるでしょうが、合格点までにはいかないのです。

例えば、「幹部はいかにあるべきか、あなたの考えを述べよ」といった小論文が出たとします。このような大きなテーマが出たならば、あなたは、書くべき要点（柱）をどの程度、列挙することができますか？　出題に対し書くべき答案の柱、ポイントを瞬時に思い浮かべることができるか、否かで体系的で内容のある答案が書けるかどうかが決まるのです。

では、「ひらめき」や「直観力」は、どのような訓練をすればよいのでしょうか、答えは簡単です。平素から問題意識を持つように努めることです。

例えば「幹部とは何か」、「幹部は何をなすべきか」、「幹部としてのあるべき姿とは何か」、といった問題を想定し、徹底して掘り下げて考えることです。「何故？」、「どうして？」といった疑問や考える習慣を徹底して身につけることです。上っ面だけで理解しても力はつきません。徹底して追求するのです。と同時に知識、情報を得るために体系化し、整理して理解することです。このことを疎かにすると、いつまで経っても問題意識は芽生えてはきません。

職場内には、閃きが速く、直観力に富んだ人がいます。災害活動、平素の事務処理、人との会話（コミュニケーション）、書類の作成等でも素早く反応します。このような人は物事に応じて機敏に心が働きます。言い換えれば機転のきく人をいいます。自分のことだけを考えず、他に対して目敏く配慮します。こういう人は文章力があるとは断定できませんが、機転の利かない人よりは、組織にとって有用な人だといえるでしょう。

閃きの速い人、直観力のある人は、どこにどのような問題があるか、問題の所在を的確に見つけ判断することができます。こういう人は問題意識も比較的旺盛です。では、閃きの遅い人は無能かというと決してそうとは言えません。閃きが鈍くても「じっくりとものごとを考え、よい考えを出す人」もいます。時間をかけて反応し組織に役立つ人もいるので、一概に瞬時に反応しないからといって無能とはいえません。しかし試験場で限られた時間内で答案を書くとなると、この種のタイプの方は不利な立場になりますので、瞬時に判断し決断、意思決定が速くできるように訓練しておくことが必要です。

なにごとにも素直で言われるままに受け入れる

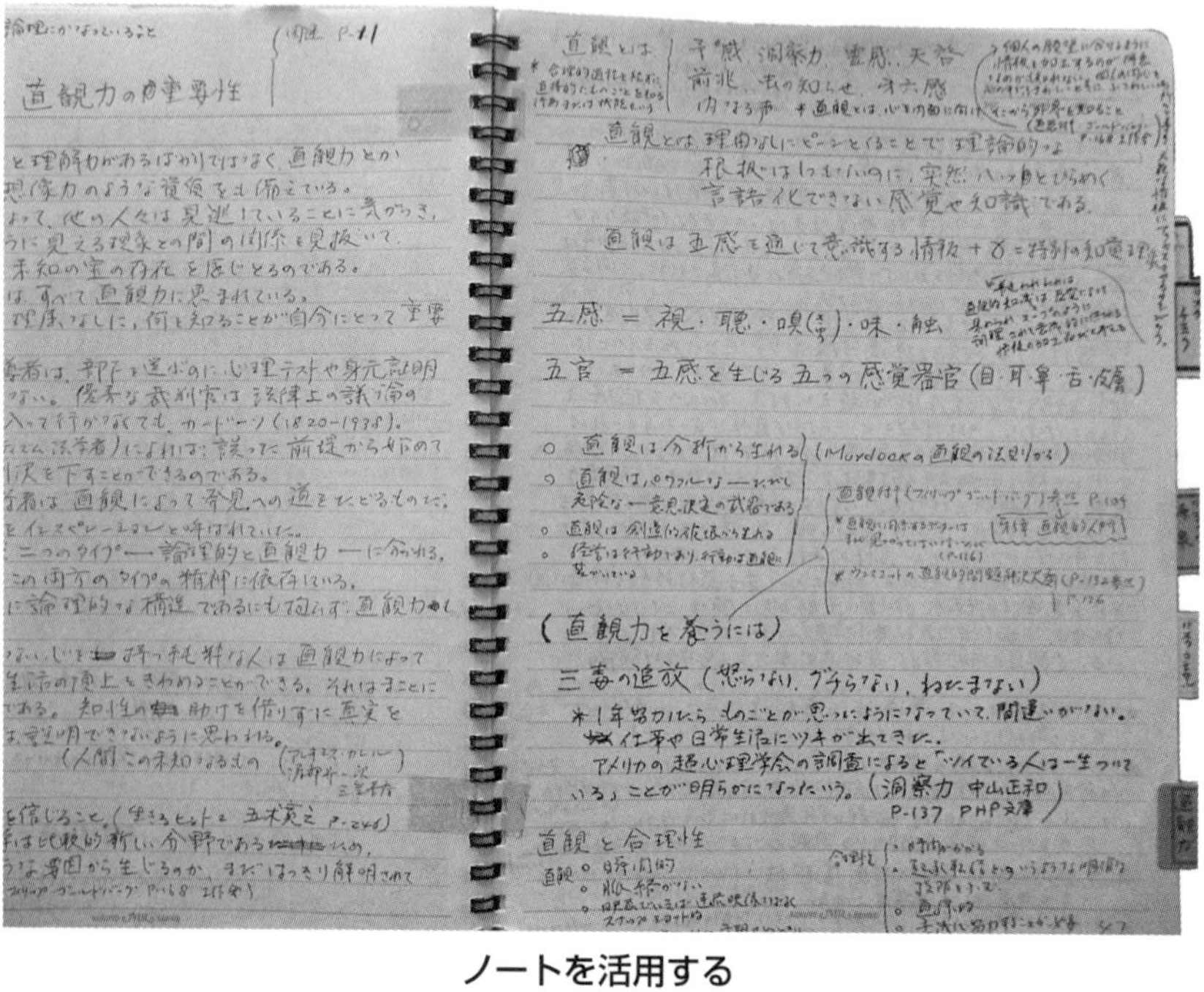

ノートを活用する

ことも大事なことですが、何が問題か、どのように問題を解決すればよいか、となると明確に意見が言えない人がいます。単なるイエスマンでは、問題意識を持つことができません。いろいろな観点からものごとを見る目を養うことが必要です。何の疑問を持つことなく、考えることなく、ものごとを素直に受け入れる人は、概して問題意識が低いように思われます。疑問視する心、考える力、真実を見極める力、建設的な意見を持つように努力しないと、よい小論文を書くことは難しいと思います。

行財政改革、公務員制度改革、市民意識への関心、職場内の人間関係のあり方、部下指導、公務能率、業務管理等の持てる知識や経験を原理原則に結びつけ、「何が問題か」、「どうすれば問題を解決することができるのか」等、平素から問題点や解決方法を見出すように訓練することです。

書くことだけに気をとられていないか

繰り返しますが、小論文対策というと、過去に出された試験問題だけに捉われ易いのですが、文例集をいくら繰り返し読み、暗記してみても効果は期待できません。

書く能力を向上させるには、階級ごとの小論文問題に捉われないで、階級という天井を取り払い、「管理・監督」、「経営管理」（マネジメント）、「リーダーシップ」等のあり方について幅広く知識を持つことが重要です。

小論文対策は、「**充電（知識の習得）なしに、放電（書くこと）なし**」を脳に徹底して摺《す》り込んで下さい。充電しないで放電ばかりしていると車のバッテリーではありませんが、やがてはエンジンがかからなくなるのと同じように、乏しい知識で書くことに焦りを感じている限り、小論文の上達は難しいといえるでしょう。思うように文章が書けないのは、必要な知識・情報等が不足していることの警鐘でもあるのです。日常の生活、職場の仕事には、随所に小論文に役立つ生きた事例が山ほどあります。身近な事例を見過ごすことは大変、モッタイナイ話しです。

例えば、上司の部下に対する指導のあり方は、指導する幹部の性格やものの見方、考え方で指導の方法もさまざまです。原理原則に適った指導をする幹部もいれば、階級章で有無を言わせず、自己流の考えで指導する幹部もいます。仮に自分が上司の立場であったなら、どのような指導を行い、部下を納得させることができるかを考えてみることです。

指導を受けた部下は十分に納得したであろうか、意気消沈し、落ち込んでいなかったか、面従腹背であったか等、一寸したことですが、言葉の遣い方、日常の仕事、災害活動、訓練の中にも、小論文に活かせる具体的事例は山ほどあるはずです。

冒頭にお話しした中村俊輔のノートの話しをこのまま想い起こして下さい。生きた事例を通じてノートにメモし、効果的な指導のありかたについて自分なりの考えをまとめる訓練は、小論文対策上、大いに役立ちます。

リーダーシップの発揮の仕方、仕事の失敗、非能率な仕事の仕方、心に通じる言葉の掛け方、計画的な仕事の仕方、人間関係のトラブル等の防止等、問題点を把握する訓練に心掛ければ、それなりの成果が得られるはずです。

新聞、論評、読書等を通じて知識・情報の集積を図ることも小論文を書くうえで参考になります。ノートの他に、小さなメモ帳を常に携帯し、いつでも必要に応じて記載するよう心掛けることです。いろいろな事案に接し、自分はこう考える、といった考えが持てるように訓練することが大事です。

能力向上のための実践目標があるか

試験が迫り、あわてて対策を立ててはいませんか？　泥縄式ではよい小論文は書けません。平素から能力向上のための自己啓発が重要です。あなたは日常、自己啓発のためにどのような実践目標を立てて努力していますか、能力向上には目標を立てて実践しなければ成果は上がりません。

一日二十四時間に自己啓発のための時間が配分されていますか？

本は忙しいから読まない、では理由になりません。ゴルフ、カラオケ、マージャン、飲み会など、人とつき合い円滑な人間関係を保つうえで大事なことです。が、すべての時間をここに振り向ければ、時間はいくらあっても足りません。自己啓発のための時間を生み出すことは難しいでしょう。

読書が嫌いであれば、手始めに、薄くて読みやすい本から読む習慣をつけるようにします。

読書には忍耐が伴います。しかし、習慣づけることで読書の楽しみが湧いてきます。最初は小さな努力から始めるのです。継続することで読書の楽しさを覚えるようになります。

本は読むことにより、次に読むべき本を教えてくれます。知識・情報を蜘蛛の網の如く張り巡らせることで、類似する知識を互いに関連付け、結びつけることによって新たな発想が生まれてきます。読書を三ヶ月、半年、一年と継続すれば読書量が増え、知識の幅や奥行きが広がります。書く力もついてきます。

小論文対策は一にも二にも本をしっかり読むことです。総てはここから始まります。

本は自らの能力を高めるための投資ですから、本を買うために金銭を惜しむようでは大成できません。有能な幹部になるための要件は読書にある、といっても過言ではありません。

本を読み、知識を得るだけでは意味がありません。本を通じて原理原則を学び、実務との関係、過去の経験、人の話し等、と結びつけることによって、自分なりの考えを作り上げることができます。

手始めに管理、監督、部下指導、リーダーシップ、安全管理、目標管理、組織、士気、自己啓発、経営、消防政策、情報管理、地震災害、危機管理、人間関係、コミュニケーション等の本を見かけたならば、内容を吟味し良ければ購入して読むようにします。

高い新刊の本を買わなくても、古本屋で安く買う方法や図書館を最大限に利用する方法もあります。

○ 読書の時間

1日最低、40分から60分、本を読む時間を作るようにします。通勤途上の電車の中、朝早く起きて読む、テレビや酒を飲む時間を少なくして読書に向けるようにします。

○ 情報・データの管理、資料整理の時間

本の中で重要な事項があれば読み返して知識・情報を整理し、記憶に留めることは小論文を作成するうえで大きな力となります。時間と手間が掛かりますが、地道な努力をするところに大きな意味があるのです。このことは先に行って改めて説明することにします。

書くための訓練をしているか

書くことの習慣を身につけていますか？　書くといっても、ただ書くのではありません。考えて書くのです。長々と書くのではありません。簡潔明瞭な文章を書くように心掛けるのです。書く習慣がないと、どうしても書くことが煩わしくなります。これでは小論文対策にはなりません。書く習慣を身につけることが何よりも重要です。

パソコン《ワード》で文章を作成していると書くことが疎かになります。手書きで文章を作成しないと漢字も正しく書けないことがあります。誤字・脱字を書きやすいので注意が肝心です。文章を書く場がない人は、手帳、日記、ノート等、工夫すればいくらでも書く場を作ることは可能です。やる気があるかないかの問題です。是非、書く場をつくり、実践してみて下さい。

ＯＡ機器を活用する

「自分はこう考える」が、あるか

既に述べたことですが、重要なことなので、あえて繰り返すことにします。

出題された問題を見たならば、「自分はこう考える」、といった主義主張が出てこなければいけません。平素からこのような習慣を身に付けることが大事です。言い換えれば問題意識との関係です。国際社会、政治、経済、行政、市民意識、マスコミ報道（新聞、テレビ、雑誌）等で、いろいろな批判がなされます。あなたは、このような問題に対し、どれだけ関心をもって見たり聞いたりしていますか？

以前、田母神俊雄（元防衛省航空幕僚長　空将）「日本は侵略国家であったのか」の論文の是非を巡って国会、マスコミで話題となりました。このような論文に対し、あなたは、どのように受け止めましたか？

地方分権については、政府の地方分権改革推進委員会で議論されています。救急問題では、産科救急の受け入れる病院がなく救急車がたらい回しとなり、患者が死亡する事件が起こっています。これらは一例に過ぎませんが、事件、不祥事に対し、ただ黙って見過ごすようでは問題意識はもてません。

自分なりの考えを持つには、何が問題か、どうすれば問題解決を図ることができるのか。仮に自分が当事者であれば、どのように判断し、決断し、問題の解決を図るか、マスコミに対してどのような説明責任を果たすのか、考える訓練は、自分の考えを持つうえで大事なことです。

将来像をイメージして努力しているか

昇任試験は、幹部登用のための試験です。消防士長で消防司令補試験を受けるのであれば、管理者をイメージしながら当面の司令補試験に臨むべきだと私は思います。単に目前の司令補試験に合格すればよい、と考えないで将来、管理職になるくらいの気持ちを持って努力することが得策ではないかと私は思います。このようなことを言うと、司令補試験を受けるのに、何故、管理職を目標にして努力するのか、皆さんは疑問に感じるでしょう。

私がこのことを推奨する理由は、すでに述べたことですが昇任試験で出される論題は階級を問わず一言でいえば、「管理・監督」に関する問題であるからです。士長、司令補、司令、司令長の昇任試験を受けるときに出される小論文は程度の差はあれ、管理・監督に関する問題に重点が置かれます。

士長、司令補、司令、司令長への小論文試験は、階級ごとに組織管理、人事管理、リーダーシップのあり方が明確に区分されているわけではないのです。一貫として流れているのは、管理・監督であり、人事管理であり組織管理です。強いて言えば、司令、司令長はより管理的な問題が出され、士長、司令補は、より監督的な問題が出されやすいのです。しかし管理と監督との区分となると責任と権限の程度の差であって明確に区分することは難しいのです。ですから管理と監督のあり方はワンセットで学ぶ必要があるのです。

私が推奨する「管理者をイメージして」というのは、あくまでも小論文対策での話しであって、小隊長、中隊長が大隊長、署隊長の立場にたって指揮をとる……という意味ではありません。小論文のような試験では、思いきって「管理・監督のあり方を徹底して基本原則を学べ」、という意味です。ここでは組織管理、人事管理、リーダーシップ、職場士気、経営的な考え方等について、階級にこだわらないで学ぶことが重要だと私は思います。

管理・監督者のあるべき姿を考え、人間性、仕事の管理、強いリーダーシップ、マネジメント力等について学ぶには目標設定が必要です。目先の昇任試験だけではなく、長期目標を立て当面の試験にパスするように努力することです。

管理者になって慌てて管理者とは何かについて勉強してみても追いつけるものではないからです。

私は、現職の頃からこの方法を自ら考え実践してきましたが、早い段階から管理職のあるべき姿をイメージし自己啓発をしていたために、小論文では、あまり苦労せずにすみました。そればかりではありません、階級を意識せず、管理者、監督者としての責務を果たすことができたと思っています。小論文対策は、個々の階級に捉われず、大所高所に立って、人格の形成、管理、監督等、マネジメントに主眼を置いて努力することが重要と考えます。

第一講のまとめ

○能力を高めるには、自分の弱点を把握し、弱い部分を徹底して強くするために、自己啓発を行う。

○閃《ひらめ》きが大事だ。閃きが鈍ければ、本を読み、知識、情報を体系的に整理し、頭の中に分類整理箱を創る。

○問題集に気をとらわれない。マクロにみて管理・監督、リーダーシップ、マネジメント等、幅の広い知識・情報を会得するように努める。

○書くための訓練の場を探して努力する。

○創意工夫し、1日24時間の時間を再配分し、自己啓発のための時間を創り出すようにする。

○能力を高めるために、目標を立てて実践する。

○本を読み、考える力を養う。

○問題意識を高めるには、本を読み、人の話しを聞き、論理的な考えを養う。

第二講

書く能力を高めるには

◆書くことの重要性を認識せよ
◆書く力は読書にあり
◆答案はいきなり書くな
◆答案の構成は、「導入」、「本論」、「まとめ」、でよい
◆模範とすべき文体を学べ
◆参考書の選び方
◆小論文に役立つ読書とは
◆読書を通じて知識・情報を整理する
◆文章を纏《まと》める力を養え

書くことの重要性を認識せよ

本を読み、いろいろな知識を豊富に持つ人でも原稿を頼まれると尻込みする人が少なくありません。

戦前は、読み、書き、ソロバンが重視され、「つづり方＝作文」を書かされました。ところが戦後は、学校教育に択一試験、○×式が大幅に取り入れられたためか、書くことが苦手という人が少なくありません。

職場では、ワープロ、パソコン、E・メールが普及し、手書きが少なくなりました。手紙・はがきもOA機器を利用した文章が多くなりました。自筆といえば、銀行、役所の窓口等で、申請手続きに住所、氏名等を書く程度です。

脳生理学が専門の時実利彦氏は、

「戦後の日本の学校教育で、文章を作ることがないがしろにされていたようだ。作文は、思考作用の向上と創造性の開発のための、基本的な精神活動を訓練するきわめて効果的な方法である。（略）徳川家康の重臣の本多作左衛門が、陣中から妻に送った有名な手紙に――

『一筆啓上、火の用心、お仙泣かすな、馬肥やせ』。これだけの内容を、こんな簡潔な文章に書きこめるような訓練をしたいものである。」（時実利彦、「人間であること」P.117）と述べています。

最近、小論文や作文が重視されるようになったのも、ものごとを考え、創造力を高め、表現することが、いかに大事か再認識されるようになったからです。大きな書店に小論文、作文作成法の参考書がずらりと並んでいるのを見ると、学生の卒論、会社、公務員の採用試験、昇任試験等で、小論文試験を取り入れているところが多くなったからだと思います。

受験生の大半は過去に出題された試験問題をテーマに、出題の意図、書く上でのポイント、作文上での留意すべきこと、模範解答を期待している人が多いと思います。澤田昭夫は、「論文のレトリック」（講談社学術文庫）で、「小論文模範例集は、受験生にとって駄目な参考書だ。売れればよいといった商業主義的に書かれた模範文例集は、誰でも安易に飛びつきやすいが、内容に問題が多い」と厳しく批判していますが、私も同感です。

現職の頃、消防司令、消防司令長の昇任試験を受けたことがあります。受験生仲間が過去に出された小論文問題について情報交換をしました。過去の出題を知ることは、傾向を知るうえで必要なことかも知れませんが、傾向を知れば、直ちに優れた小論文が書けるかと言うと必ずしもそうとはいえません。

過去に出題された問題集を勉強してみても、同じ問題が出題されるわけではありません。どのような問題が出されても、自分の持てる力（知識）で回答しなければなりません。原理原則を学び、応用力を高め、自らの考えを文章にすることのできるノウハウをもつことが重要です。

書く力は読書にあり

「常識を養うに読書の必要はないかも知れぬ、そしてまた日常の業務を処理していくにも読書の必要はない。しかし人をリードしていくには、どうしても読書をしなければならぬ」、と井上準之助（山本権兵衛内閣、浜口内閣の大蔵大臣）は述べています。

昇任試験も他との競争です。他の人より少しでもリードするには、読書が一番、と私も同感です。読書や経験を通じて人間としての教養を高め、知識を広め、高所大所に立った判断が必要です。

読書をすれば、直ちに書く力が湧いてくるわけではありません。本を読むにしても読切小説、週刊誌、時代小説、漫画等、いずれもエンターテインメント（娯楽）として良いのですが、これだけでは能力の向上は図れません。人間性を高め、職務に役立つ知識、情報に関する本を大いに読むべきです。

企業向けに書かれた職場管理、経営に関する本は、一見、消防の仕事とは関係がないと思うかもしれませんが、仕事の目的や内容が異なるにせよ、民間企業も公務員社会も能率性、合理性、物事の管理、監督等、基本的な原理原則は同じです。企業の事務管理は、役所よりも進んでいるところが少なくありません。企業と行政を比較してみると参考になることが少なくないのです。

〈読書と集中力〉

現代人は集中力に欠けるといわれています。人の話しを上の空で聞いてはいませんか？

本を読んでいる最中に、ふと雑念が湧いてきませんか。あれをしよう、これをしよう、と絶えず雑念が湧き、じっくりと一つのことに集中できないようでは成果は上がりません。「テレビを見ながら、音楽を聴きながらのながら族」になっていないか、点検してみましょう。だらだらとした一時間よりは、三十分でも集中して行う方が、はるかに成果は上がるのです。

「本は同時に十冊読め」といった題名の本があります（成毛　眞・三笠書房）。本当に同時に十冊が読めるのかな？　と思い、読んでみましたが、同時に十冊の本を読むためのノウハウについては記述されていませんでした。本を多読することの重要性、『まずは「同時に三冊から！　実践！「超並列」読書術」が述べてありました。題名に引かれてつい、買ってしまったのです。十冊の本を同時に読むことは私にとって不可能で、せいぜい三冊程度が限界です。

私は、同時に三冊程度の本を読みますが、似たような本は選びません。歴史、経営、思想、行政、危機管理、リスク管理、心理、科学、文芸等、異なる分野から選ぶようにしています。類似する本を選ぶと混乱してしまうからです。

小論文対策では組織、人事、公務能率、リーダーシップ、部下指導、目標管理、安全管理等を読む必要があります。「広く浅く数多く読む本」と、「精読すべき本」とを分けて読むとよいと思います。

読んでいて「難解だ」、「興味が湧かない」、「退屈する」といった本があります。このようなときは丁寧に読まないで、サッサと次の本に移った方が能率的です。但し、精読すべき良書は繰り返して読むことです。

（用語の意味）

＊**文体**とは「文章の様式や体裁（形式）をいう

＊**文章**とは、いくつかの文を連ねて、まとまった考えや気持を書き表したもの、散文ともいう

＊**文**とは、まとまった思考や感情を表す最小の単位

＊**散文**とは、「散」とは制限がない意。韻や字数・音数による制約のない文章。詩・和歌・俳句等の韻文に対して、小説・随筆・評論などの文章を指す

答案はいきなり書くな

出題されたテーマを読んだら、思い浮かぶままに書き始めていませんか。

私は現職の頃、答案を書くときは、いきなり書き始めることはしませんでした。どのような答案を書けばよいか、数分（二、三分程度）は構想を練りました。大事な要点を思いつくままに答案用紙の右上の余白に素早くメモをしました。どのようなメモを記すかというと、答案は、①最初の文章、②本論、③まとめ、に区分します。

答案の中心は本論です。本論に大きな柱を二、三メモします。一つの柱から更に幾つかの枝葉が出るので、これらを素早くメモします。メモをせずに書き始めると、最初の段階で思い浮かべていても、書いている途中で忘れてしまうからです。

会場の受験者がサラサラと音を立て筆記するのを聞きつつ、答案の構成、内容を考えるのですから、どうしても焦りを感じますが、そこをグッとこらえて構想を練るのです。メモの内容に見落しはないか、全体の構成を確認し、良ければ書き始めるのです。

答案の構成は、「導入」、「本論」、「まとめ」、でよい

「文章には起承転結が必要だ」と述べている参考書がありますが、私は起承転結を一切、気にしないことにしています。どこからどこまでが、「起」で、どこからどこまでが、「承」で、どこからどこまでが、「転」で、終わりの「結」はどこからどこまでか、常に気にしながら書いていたのでは貴重な時間を浪費し、文体のリズムを失います。

話しをするにしても、文章を書くにしても、共通するところは、「何を述べたいのか？」にあります。

小論文は、①最初の導入、②本論、③締めくくり、の三つがしっかりしていればよいのです。「文章作成」も「話しの仕方」も重要なことは、簡潔明瞭で内容が明確であることが重要だと私は思います。

模範とすべき文体を学べ

「文体は個性である」と立花　隆は述べています。確かにそのとおりだと思います。しかし、最初から個性を感じる文体が書けるかというと、そう簡単なものではありません。「文体は個性」という意味は、文体は自分で苦労しながら築きあげることを意味します。最初は、自分にとって読みやすい文体を参考にすることです。

模範とすべき文体に新聞があります。新聞は大衆が読むので、分かりやすく書かれています。小論文はこのようなスタイルでよいのです。

私は主として、日本経済新聞を読みます。読売、朝日、毎日、産経等に比べると記事がやや硬い感じがしますが、企業経営、経済、行政、文化、読書欄等や組織、人事管理、指導、リーダーシップ等に関する記事が多いので参考にしています。

新聞を隅から隅まで読むと時間がかかるので、時間がないときは「社説」、「経済教室」、「大機小機」、「読書案内」等を中心に目を通すようにしています。司令・司令長試験を受ける方は、このような記事を読み、文体や主張している問題点を学ぶようにするとよいと思います。

文体の研究は、新聞の他にも好きな作家の文体を研究することも大事なことです。私は、司馬遼太郎や夏目漱石の文体は簡潔明瞭で参考にしています。

話しが少々、脱線したので、元の「文体の話し」に戻し、新聞の社説を引用して話しを進めることにします。

例文研究1

直下型の怖さ教えた大地震

「中国・四川省で起きた大地震の記憶がまだ冷めやらぬなか、日本でも十四日朝に東北地方を強い地震が襲った。震源の岩手県、近隣の宮城県では最大震度が6強。この地震で百人を超える死傷者が出た。日本は地震大国。いつどこで大地震が起きても不思議ではない。それを改めて知らしめた地震である。「岩手・宮城内陸地震」と名付けられた地震は震源の深さ八キロ、規模マグニチュード（M7.2）と推定されている。被災地では家屋の倒壊よりも土砂崩れや道路・橋の損壊が目立つ。死傷者をみても、落石、土砂崩れ、落下物によるものが多いようだ。被害は山間地域に集中しており、道路の寸断などで状況把握や救援に時間もかかった。政府は地震発生直後に官邸対策室を設置し、被災地の状況把握に努めるとともに、泉信也防災担当相を現地に派遣した。過去の大地震の経験から災害時の緊急対応も慣れてきているだろうが、被災者救援や災害復興に抜かりのないよう求めたい。

東北地方では宮城県沖や三陸沖で数十年おきに繰り返し起きる海溝型の大地震への警戒感が強かった。しかし、今回の地震は内陸部の直下型だ。阪神大震災や昨年の新潟県中越沖地震などと同じタイプの地震である。震源域近くにはよく知れている活断層が存在するが、未知の断層が動いた可能性があるともいう。

発生の周期がある程度想定できる海溝型地震ばかりを注目するのではなく、いつどこで起きるか分からない内陸直下型地震への心構えが必要だということを、今回の地震は改めて教えた。過疎の山間地域ではなく、人口の密集した大都市圏で同じ規模の直下型地震が起きれば、被害は想像を絶するものになるだろう。

今回の地震では、地震の初期微動をとらえて強い揺れの到達前に警戒を呼びかける緊急地震速報が出された。地震波の到達までの時間的余裕があれば、それなりに備えもできただろうが、震源近くでは本震の後に速報が流れたはずだ。

地震予知は可能という幻想にとらわれたり、事前に速報が流れると期待すると、備えが甘くなる。今回の地震は、不意打ちを前提に備えを固めよという警告にもなった」。（日経・2008/06/15）

例文研究2　あるエッセイストの文章から

「イタリアというと、オリーブの林や、あおい地中海に、一年中、あかるい太陽の光が降りそそいでいるようなことしか想像できない」私が、ミラノの暗い霧の冬や、湿度の多い、息のつまりそうな夏の話をすると、日本の友人たちはきまってそう言う。私自身ソルボンヌ大学留学時代みぞれの降るヨーロッパの冬を初めてパリで経験して、夏休みを中部イタリアのペルウジャですごしたときは、その、あまりの明るさにただ息をのまれたようで、こんな光ばかりの土地が、世界にあったのかと思ったほどであった。十五年前のことである。パリの早口のフランス語になやまされていた私は、イタリアに来て、ほっとした。まだほとんどその国のことばを知らなかったのだが、イタリア語のゆるやかさ、音楽性がたいそう身近で、やさしい感じを受けたのである。そのせいか、自分にもわけのわからぬ、速さ、自然さで、イタリア語を覚えることができたように思う」。

（須賀敦子、全集第二巻、エッセーより引用）

例文研究1と例文研究2を読んで、どのような点に違いを感じましたか？　例文研究1は新聞記事で、文節が短いのに対し、例文研究2は、文節が長いのに気がついたと思います。

例文研究2は、著名なエッセイスト須賀敦子の文章で私の好きな作家の一人です。エッセーとは、「文体・構成などの形式にとらわれず、ある主題について自分の考えや感想を自由に書いた散文の作品をいう。」（ベネッセ表現読解国語辞典）とあるように、文体や構成が形式に捉われないので、著者が感じたままに自由奔放に書くところに特質があります。

例文研究2は、左記に示すように、文節が長い。九つの句読点があって文節が終わる。これがエッセーの特質です。

「イタリアというと、オリーブの林や、あおい地中海に、一年中、あかるい太陽の光が降りそそいでいるようなことしか想像できない」私が、ミラノの暗い霧の冬や、湿度の多い、息のつまりそうな夏の話をすると、日本の友人たちはきまってそう言う。」

二つ（例1、例2）の文章を比較すると、明らかに例文研究1の新聞記事が、小論文には適していることが分かると思います。では、新聞記事のような文章だけを読めばいいのかというと、必ずしもそうとは言えません。俳句、短歌、エッセイ、評論等、いろいろな文章を読むことで感性を高め、豊かな文章を書くことができるのです。文芸に関する本をできる限り読むようにすることです。

参考書の選び方

小論文対策に必要な参考書は、内容の充実した良書を選ぶようにします。大きな書店には、教員・消防・警察・一般公務員・会社就職、大学入試、卒業論文等を対象にした参考書のコーナーが設けてありますが、小論文対策で必要な「管理・監督」・「リーダーシップ」・「組織」・「経営管理」、「倫理・道徳」等の参考書は、それぞれ目的に応じた（単行本、文庫本等）場所にあります。新書判のコーナーには参考になる本がいろいろあります。

良い参考書を選ぶのは簡単なようで難しいものです。私は本を書く関係で、目的に応じて参考書を買いますが、自分の書棚にいつまでも置いておきたい本は、十冊買って二冊程度です。

私は、本を買うとき、次の点をチェックします。

①　著者の経歴をみる
②　本の題名で選ばない
③　○版○刷、改訂の有無をみる
④　目次の構成、内容が充実しているか
⑤　「まえがき」、「本の中程」、「あとがき」を流し読みする
⑥　引用してある資料をみる
⑦　書店の宣伝に乗らない

100万部を突破、○○賞受賞、書店長が選んだ本、新聞だけの書評等で判断しないことです。以上が私のチェックポイントですが、大事なところなので、もう少し補足することにします。

①著者の経歴をみる

本は次から次へと出版され氾濫しています。専門的知識や経験がなくても簡単に本が出せる時代になりました。このためか内容のない本が少なくないのです。ベンチャー企業家としてメディアに出演して名が売れると、とたんに「リーダーシップ」と題する本を出す人がいます。自分の経験を通じて、自分流の考えでリーダーシップのあり方を論じ、読みやすく書いてありますが、単なる個人の経験論に終始し、読んだ後に何も

残らない本があります。しかし、中には事業経営で自分の経験を通じて本を書き、高い評価を受けている本があります。例えば、宅配で有名なクロネコヤマトの会長、小倉昌男の著書、「小倉昌男の経済学」は、ベストセラーになりました。この本は、新しき本にして古典に属する書物だと評価されています。企業経営に関することが書いてありますが、行政に携わる管理者にとっても大変、参考になる名著だと思います。

②本は題名で選ぶと失敗する

本は題名だけで選ぶと失敗します。本の題名と内容が異なるのがあります。最近、ジョンサルカ（元ニューヨーク市消防局署長）という方が著した「人を動かす火事場の鉄則」（FIRST IN LAST OUT）という本が出ました（甲斐理恵子訳、道幸武雄監修）。本の帯には、映画『「ワールド・トレード・センター」の消防士を率いたニューヨーク市消防局大隊長に学ぶ最強のリーダーシップ論！』とあります。私は、新聞広告でこの本を知り、書店を通じて取り寄せたのですが、読んでみて失望しました。著者の話しの中に監修者と称する方が割り込み、企業内部の話しを例にコメントしているのです。本の著者（原作者）と監修者のコメントが本の中で交互に出てくるので、読んでいるうちに頭の中で両者が混同してしまい、知りたい著者《原作者》の考えがズバリ読み手に伝わってこないのです。

ニューヨーク市消防局の大隊長は、火事場でどのようなリーダーシップを発揮したか、部隊、隊員をどのようにコントロールしたのか、リーダーシップの真髄を知りたいと思い求めたのですが……。本は、実際に手にとって内容を吟味して求めるべきだと思いました。

③○版○刷、改訂の有無を把握する

本の終わりのページには、発行日、著者名、発行者が記載されています。発行日、発行日以降、どの程度、増刷され改訂してきたか記載されています。増刷・改訂が多ければ、それだけ多くの人々に読まれてきたことの査証で良書といえるでしょう。

この点、新刊本は刷数がないので、売れ筋だけで判断しがちです。売れ筋、第1位、第2位……○○万部突破、といった書店の広告に目を奪われてはいけません。特に、小論文関係の参考書では、新書・文庫、講談社学術文庫等に小論文に参考となる本が多いようです。手元にある新田次郎の「八甲田　死の彷徨」は七十三刷になっています、幹部として活きたリーダーシップを学ぶには一読するに値する本です。同じく手元にある宮本武蔵の「五輪の書」（鎌田茂雄訳、講談社学術文庫）は、既に第四十七刷になっています。

学術文庫には良書が沢山あるので古本屋に行き探しますが、良書は誰でも自分の図書棚に保管しておきたいのか、意外に少ないです。

④内容の構成、目次を見て、役に立つ内容かどうか確認する

目次を見て、本の全体の構成を察知します。例えば、松下幸之助の「指導者の条件」（ＰＨＰ文庫）は、

「あるがままにみとめる」

「いうべきをいう」

「怒りをもつ」

「一視同仁」

「命をかける」

等、一〇二項目を掲げて説明しています。この本は第二十四刷になっており、具体的な事例を掲げて易しく説明しているので、気楽に読みながら「指導者の条件」について学ぶことができます。

本の中には目次のないものもあります。

例えば、新田次郎の「八甲田　死の彷徨」には目次がありませんが、迫力のある史実に基く長編小説です。日露戦争の前夜、明治三十五年一月、厳寒の八甲田山の雪中訓練で、少数精鋭の徳島大尉が率いる弘前連隊は全員、無事生還しましたが、神田大尉が率いる青森連隊は、指揮命令の混乱から百九十九名の死者をだす遭難事故となりました。

リーダーシップとは何か、組織集団をいかに統率するか、階級と責任、権限と指揮命令、人間関係等、リーダーシップ、隊員の士気等、古い時代の事件ですが、階級社会に起こりがちな問題であるだけに、現在でも大いに教訓とすべきことが書かれています。

小論文試験では、リーダー（指導者）としてのあり方、リーダーシップ（指導力）の発揮の仕方、責任と権限、指揮統率、事前調査、装備と安全、部下指導、状況判断、意思決定等、基本原理を学ぶうえで参考になります。定義や理論も大事ですが、このような史実を読むことは、リーダーのあり方が浮き彫りにされているだけに、本を読んで知識を整理し、記憶に留めることが大変、重要だと思います。

⑤ 引用してある資料をみる

どのような資料を使用しているか、資料の出所はどこか、最近の新しい統計、資料を引用しているかどう

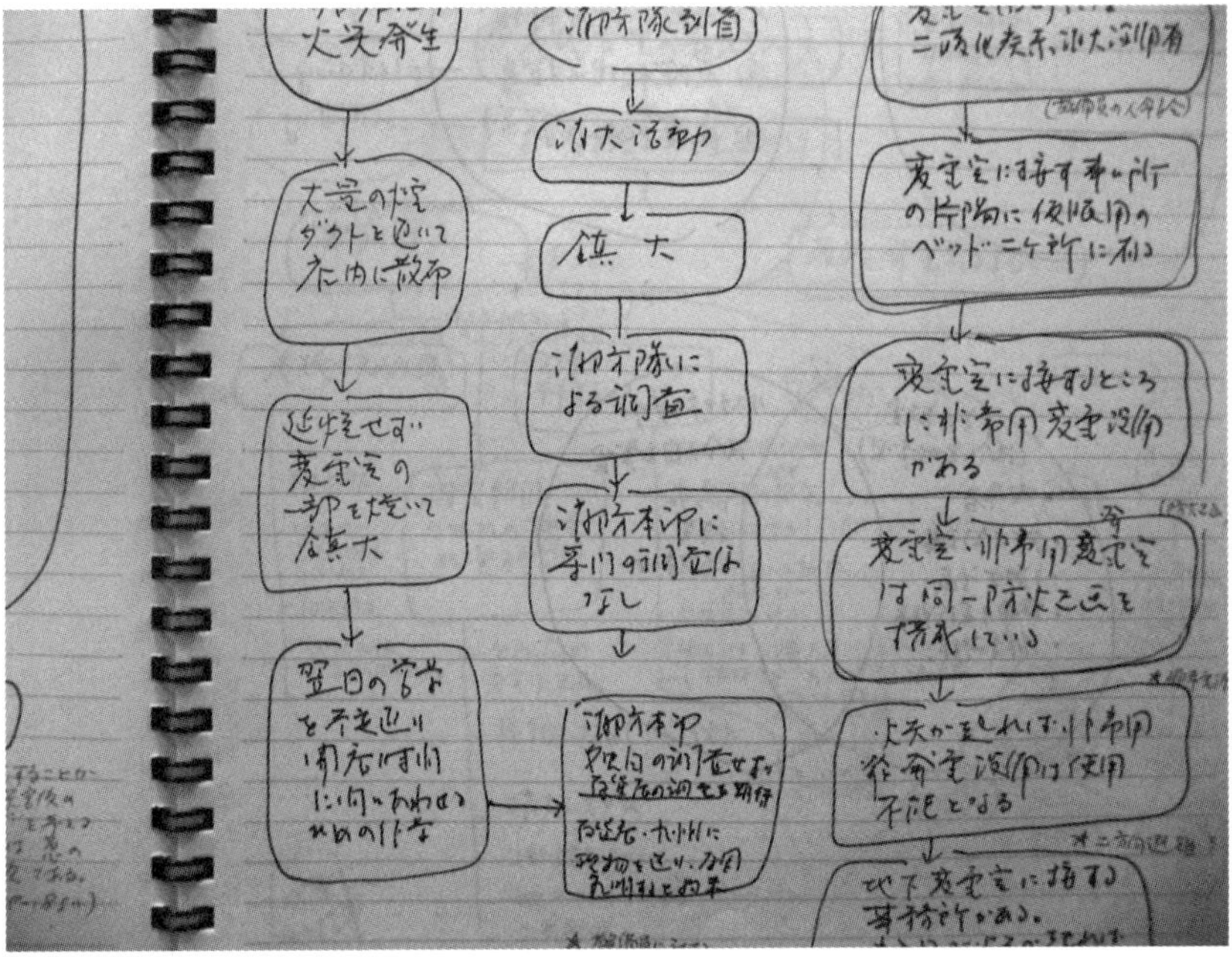

知識・情報の体系化

か、チェックします。

　人の作成したイラスト（体系図）は、見た目はきれいで整然としていますが、意外に記憶に留めにくいものです。私は本を読み参考にするところがあれば、抜き書きして知識、情報を見やすいように簡潔に体系化します。自ら苦労して作成すると一層、記憶に留めることができるからです。

読書を通じて知識・情報を整理する

本はただ読むだけでは意味がありません。何冊読んでも記憶に留めることは難しいものです。そこで、本はただ単に読むのではなく、創意工夫が必要です。

本は、読みながら（読み終わったなら）述べてあることの原理原則をしっかりと学び、過去の経験に照らし、人から聞いた話しと対比し、他の参考書の説と結び付け、考えるようにします。

日常、職場内でトラブル、不祥事が起こることがあります。どのようにして問題の解決を図ればよいか、となると、やはり本を読み、原理原則に当てはめて、あるべき姿を考えて結論づけることが重要です。ここには理論を現実の問題と結びつけ応用する力が強く求められるのです。

例えば、「部下指導に関する参考書」を読むときは、ただ読むのではなく、本に述べてあることと過去の経験とを結びつけて考えることです。

上司が行う部下指導、同僚が行う部下指導等、周囲を見渡すと、いろいろな指導の仕方が目につきます。自分が当事者であれば、どのような指導を心掛けるか、自らを顧みて、上司から指導されたこと、部下の指導の仕方が適切でなかったために反発され失敗したこと、上司から褒められて、すごく嬉しかったこと等、何か思い当たるはずです。

私は「経営管理」、「マネジメント」、「リーダーシップ」などに関する本を長年に亘り読んできましたが、顧みて思うことは、職務に役立つだけではなく、社会生活を営むうえでも必要・不可欠な原理原則を学ぶことができました。学ぶことによって、職場だけの問題だけに留まらず、生涯、役に立つことは間違いのない事実です。

私は本を読むとき次のような方法を取り入れています。

①重要と思う文章に付箋を付ける（該当する行の上に）
②本を読み終えたら、もう一度、付箋の部分を読み返す
③二回読んで重要でない、と判断したならば付箋を外す
④最終的に残った付箋をパソコンに入力するか、ノートに書き写す

パソコンには、組織、人事、人間関係、目標管理、部下指導、リーダーシップ、安全管理、地震対策、危機管理等に分けて入力します。この際、出所を明確にします。知識・情報を少しずつ蓄積することで、自分流のデーターベースを構築することができます。

必要に応じてパソコンからプリントアウトして、Ａ４判ホルダーにファイルし読み返します。この作業は労力を要しますが、すでに述べたように、昇任試験だけを目標としないで、幹部として仕事をし、原稿を書き、自らの能力開発を図るうえで大きな力となります。本を読む、入力する、プリントして読み返すことで、知らず知らずのうちに頭の中にインプットされ、知識・情報の整理箱ができるのです。

何度も読み返すことで著者の考え方を理解し、消防の仕事と結びつけて考え、創造するのです。そうすることで知識、情報が渾然一体となって発酵し熟成化するのです。自分の考えはこのようにして芽生えてくるのです。私はこの方法を長年実践してきましたが、今でもこの方法を続けています。

私が読む本で付箋を沢山つける本は、学ぶべき知識・情報が多いことを意味します。良いと思って買った本でも付箋が一つも付かないことがあります。本の選択を誤ったからです。

＊「もちろん「本」を読んだ方がいい。その本を熟読し、摘要を作り、概要（レジュメ）をえて解説を書く、これが正攻法でしょう。だが、私が谷沢永一の「読書人の立場」に触発され、本格的に司馬遼太郎の小説を読み、三宅雪嶺の本に触れるようになったのと同じ契機がここに含まれていないでしょうか」。

（鷲田小弥太、祥伝社P.37）

文章を纏《まと》める力を養え

文章をまとめる力を養うには、ものごとを分析し、深く考え、論理の展開を図るようにします。まとまりのある文章か、まとまりのない文章か、読めばすぐに分かります。文章の長い、短いは関係ありません。出題に対し何を述べたいのか、このことが明確でないと、まとまりのあるよい文章とはいえないのです。

平坦な道を歩いていたのでは決して力はつきません。なにごとも挑戦する意欲がないと能力の向上は図れません。自動車の運転と同じです。車の免許をとったときのことを想い起こして下さい。習い初めは、ハンドル、ブレーキ、アクセル、前方・左右・後方の確認、交通信号等、手足、目、頭脳、全神経を使います。果たして巧く運転ができるのか不安を感じますが、慣れてくると、なぜあのとき、あのような苦労をしたのか不思議に思うことがあります。何ごとも訓練です。文章作成も同じで本を読み、文章作成に慣れることが大事です。詳しくは第三講で述べることにします。

第二講のまとめ

○パソコンを使って文書を作成するだけではなく、手書きで文章を書くことの重要性を理解する。

○人よりも優れた能力を持つには、一にも二にも読書すること。

○答案は、急いで書かないで、まず答案の全体の構成を考えメモをする。

○文体は難しく考えないで気楽に書く。

○答案の全体の構成は、「導入」、「本論」、「まとめ」を基本とする。

○模範となるような文体を選んで学ぶ。

○よい参考書を選ぶ。

○知識、情報を効率的に整理し、頭の中に分類整理箱をつくる。

第三講

話す力、書く力を高めるには

◆「文章は、話すように書け」は正しいか
◆スピーチと文章の上達との関係
◆スピーチの要旨をメモにする
◆文章の作成で注意すべきこと【事例研究】
◆自ら問題を作り、答案を書いてみよう
◆書いた文章は評価してもらえ
◆書く習慣を身につけよ
◆書く場を作れ
◆小論文は、作文・レポートを書く要領で

「文章は、話すように書け」は正しいか

「文章は、難しく考える必要はない、話しをするように書けばよい」、と述べている参考書があります。果たしてそうでしょうか。句読点のない会話は、そのまま文章にしてみても意味不明な文章になってしまいます。このようなことを言う人は、おそらく話しをするかの如く、気楽に書けという意味で述べたのだと私は思います。

さて、話す力、書く力を高めるにはどうすればよいか、私なりに考え、創意工夫をしながら実践してきた方法があります。

この方法とは、「スピーチ」と「文章を書く」この二つを関連づけて訓練する方法です。読者の皆さんは、両者を関連づけることができるのか疑問に思うでしょうが、私が実際に、長年にわたって、実践してきただけに効果の上がる方法だと確信しています。

この方法は、小論文対策とは直接関係はありませんが、間接的には、文章作成能力を高めるうえで重要です。

私は、もともと人前でスピーチすることは得意ではありませんでした。ところが昇任するに伴い、挨拶する機会が増えるようになり、挨拶が巧くなるにはどうすればよいか、真剣に考えるようになりました。

あるとき深夜放送である視聴者が「私は中年ですが、近く結婚式でスピーチを依頼され困っています。大勢の人前で上がらない方法があれば是非、教えて欲しいのです」。担当のアナウンサーは、「私も長年、アナウンサーをしていますが、上がりますよ。プロであっても上がるのです」と答えていました。

そういえば、かつてＮＨＫの名アナウンサーといわれた酒井さんは、「私は、長年アナウンサーをしていますが、『え～　皆さん今晩は！　ＮＨＫの酒井です。』とトチルことなく言葉が出てくると、あとは巧く話せるのですが、いつもこのことが心配でした」と述べています。

有名なある落語家は、出囃子《でばやし》の三味線に合わせて舞台に出てくる、中央の座布団に座り両手をついて頭を下げる、客席を見渡しながら「お寒いところをお運び下さいまして誠に有難うございました。……え～　お笑いを一席、申しあげます。」と、声高々に言い終わるまでは心臓の高鳴りを押さえることができなかった。

ある有名なピアニストは、「舞台に出て万雷の拍手を浴びながらピアノの前に座り、最初のキーを叩く…その一瞬まで、心臓の高鳴りを抑えることができない」、といった話しを聞いたことがあります。プロでさえ上がるのだから、素人の私が上がるのは当然と開き直ることにしました。ただ開き直ったのではありません。

人前でのスピーチで上がる理由の一つに、話す内容を忘れてしまう不安があること。この不安があるから上がるので、不安をなくすには、メモ用紙にスピーチの内容を記述し、さりげなく手に持てばよいと考えるようになりました。新年会、消防学校の入校・卒業式、防火の集い等、三分程度のスピーチの要領で実践することにしたのです。

スピーチの心得

＊上手に話しをしようと力まない
＊上手な人のスピーチを真似しても巧くいかないので、自分流で話しをする
＊方言、お国訛りを気にしない。むしろ、話しに親しみを感じさせる
＊何を言いたいのか、言わんとする点を明確にする
＊挨拶に立ったら、いきなり話しを始めない。会場をゆっくりと見渡しながら一呼吸おいて話しを始める
＊スピーチの時間は、三分程度のスピーチを目標にする。長い挨拶は嫌われる
＊三分程度のスピーチを文章にする

スピーチと文章の上達との関係

三分間スピーチは、手の平大、程度のメモ用紙に文章を書いてみる。声を出して読んでみる。駄文、重複があれば削除し、補充すべきところは補充する。これを何度も繰り返すのです。すると贅肉（無駄な文章）がとれて簡潔明瞭な文体になる。これでよし！　と決めたなら清書する、本番のときの要領で、ゆっくりと大きな声を出して、あたかも聴衆の面前で挨拶しているかの如くスピーチを繰り返し訓練するのです。

忘れてならないことは、時間管理です。三分程度に収まる文体にするのは、簡単なようで難しいものです。最初のうちは七～八分以上かかる文章を書いてしまいます。それでも執拗に文章を削除し、三分以内に収めるようにするのです。

文章を書き、三分程度にまとめるには、簡単なようで手間がかかりますが、実は、**小論文対策に繋がる重要な訓練の一つ**なのです。

長い文章、長いスピーチは誰にでもできます。ところが、短い文章は意外と骨が折れます。三分間スピーチの原稿を書く訓練をしておけば、六十分程度、それ以上のスピーチでも、話す内容を拡大するだけのことですから容易です。

メモ用紙を見ながら挨拶することは、決して恥ずかしいことではありません。大きな行事や式典になると和紙に毛筆で書いた祝辞を仰々しく読むことがありますが、小さなメモを手に、さり気なく見ながら挨拶する方がはるかに聴衆の心に通じるスピーチができると私は思います。

左手にメモを持ち、忘れたときは、さりげなくチラッと眺めるだけで安心感が得られます。繰返し訓練すれば、本番でメモを見なくても挨拶ができるようになります。

メモに書かれた文章は、一字一句正確に話す必要はありません。言わんとする要旨を話すことができればそれでよいのです。ときには、アドリブを入れてメモを見ないでスピーチが終われば、それで充分です。

ある時、「あなたのスピーチは、明確で聴きやすいですね、そのまま文章になりますね」と言われたことがあります。スピーチが不得意な私にとって、お世辞に言ってくれたにせよ、この一言は私にとって大変、嬉しいことでした。

印象的だったのは、「そのまま文章になりますね」でした。喜ぶべきか悲しむべきか戸惑いました。無味乾燥な挨拶だったのかな、とも思いました。

話しが、そのまま文章になると言われると、事前に文章を書き、何度も何度も読み返し、無駄な文章を徹底して省くのですから当然といえば当然かも知れません。スピーチと文章作成は、相互に密接な関係があると強く感じるようになったのは、私にとって一つの発見でした。

平素からこの種の訓練を習慣づければ、文章を書くことは苦にはならず、読みやすい文章が書けるようになるものと思われます。

斎藤　孝（明治大学教授）は次のように述べています。

「文章を書く力がつくことは、内容のある話しができるようになることである。なぜなら、それは考える力がつくからだ。書くときには、どれだけ自分の考えに意味があるのかを確認することがポイントになる。それによって、書くこと自体が考えるためのトレーニングになる」。（「原稿用紙10枚を書く力」だいわ文庫）

これをみても、話す力と書く力は多いに関係があることが分かります。私がこれまで実践してきた「スピーチ」と「原稿を書くこと」の訓練は正しかったと自負しています。

スピーチの要旨をメモにする

例えば、「防火の集い」でスピーチ（挨拶）をするときは、次のような要領でメモをとるようにします。

①「はじめ」（導入部分）の文章を考える。

「え〜皆さん今日は。私は○○消防署の係長、○○です。本日は秋の火災予防運動の一環としまして、防火の集いを開催しましたところ、お忙しいところ、このように大勢の皆さんにお集まり戴き、ありがとうございました。」

②次に、話の内容に入る、何を話すか考える。例えば……、

○最近の全国的な火災の傾向
○焼死者の傾向
○放火火災の傾向
○幼児、高齢者の事故
○管内に起きている火災、救急等の災害の特徴
災害から身の安全を図るには、
＊火災・ガス等の簡易警報器、消火器の設置
＊家庭内の事故と予防対策
＊地震災害と安全の確保

③「まとめ」……スピーチをどのように締めるか。

まとめのスピーチは、中味を総括して簡潔にする。

重要なことなので、あえて繰り返しますが、スピーチをするための文章をまとめると、

＊ 作成した文章を何回も声を出して読む。
＊ 無駄な文章、重複箇所、句読点、誤字、脱字、不適切な表現、文章の言い回しが滑らかでない点があれば削除、補足、手直しを執拗に繰り返す。
＊ 無駄な部分の削除、補充を繰り返すことで、文章の贅肉がとれ簡潔明瞭になる。

長い文章は、書くべき材料（知識、資料、情報）があれば、あるほど書くことに苦労することはないのです。

新聞などのコラム（朝日新聞の「天声人語」、日経新聞の「春秋」、「大機小機」等）は簡潔明瞭に述べているので、研究し参考にするのも一つの方法です。

文章の作成で注意すべきこと【事例研究】

次の文章は、ある消防学校の事例研究で出されたものです。小論文ではありませんが、文章を作成するうえで留意すべき事項について、研究材料として引用させていただきました。

「部下（後輩）指導について困っていること」（原文のまま）

「消防吏員となり年数の浅い職員に対しては、職務上の指導は当然できると思うが、ある程度、年数が経っている、又は年齢が近い後輩等は、各分野においての知識等があり、救命士、救助、予防等ある程度専門的なことについては、それに携わっている後輩に教えてもらったり、指導を受けている部分もある。

上司からも職務上、当然評価されますし、後輩からも評価され、自分より仕事ができないのに等の後輩なりの評価を持ち、そういう関係での指導では、その個人の人間性もあるが、後輩としていればあまり説得力がない意見に聞こえるかも知れない。

自分自身で自覚していれば、知識等を高めなければと思うし、個々の能力のレベルアップも必要であるが、隊として活動する機会の多い消防にとって、隊全体のレベルアップ、消防署全体のレベルアップが、結果として助けを求めている人々の安全、安心を守るものとして、役立つと思いますし、知っていることは指導し教える、知らない、自分が経験していない体験、事例などは教わり、自分でも知識を高め隊全体のレベルアップができる指導を心がけたいと思っているが、なかなかできていないのが現状である。

今まで後輩であった職員が、昇格によって上司になったり、逆に自分が先輩の上司になったときの職務上の人間関係は、相手もあることですし、どうなるだろうかと考えることはある。

文章上の問題点を整理するため便宜上、①〜④に分けてコメントします。

（原文）

① 消防吏員となり年数の浅い職員に対しては、職務上の指導は当然できると思うが、ある程度、年数が経っている、又は年齢が近い後輩等は、各分野においての知識等があり、救命士、救助、予防等ある程度専門的なことについては、それに携わっている後輩に教えてもらったり、指導を受けている部分もある。

コメント

ここでは「部下指導」について述べています。

「経験の浅い部下には指導ができると思うが、経験があり専門的知識のある部下（後輩）からは、むしろ指導を受けることがある」、の文章は、もっと簡潔明瞭にする必要があります。この文章には、単に自分が経験したことや事実を述べていますが、指導のあり方について、「自分自身が自信を持って指導できること」、「このような点に指導するうえでの自信がない、どうすればよいか悩んでいる」、といった点を明確にする必要があります。

間接的には、専門性を持った部下から教わることが多いので、このような専門性を持った部下には、どう指導すればよいのか、といった明確な問題提起が必要です。最初に説明したように、この文例は、事例研究で出されたものですが、この事例が小論文で「部下指導のあり方について、あなたの考えを述べなさい」と出されたならば、あなたは、どう答えますか？　最初の文章の導入と論ずべき内容とが結びつかないところに問題があります。何を述べたいか論点を明確にするようにします。

②　上司からも職務上、当然評価されますし、後輩からも評価され、自分より仕事ができないのに等の後輩なりの評価を持ち、そういう関係での指導では、その個人の人間性もあるが、後輩としていればあまり説得力がない意見に聞こえるかも知れない。

コメント

ここでの文章は、「評価」について述べていますが、前の①の文章との結びつきがありません。いきなり「評価」の問題がでてくるので唐突な感じがします。②の文章は全体に意味不明なところがあり、何を言いたいのか、論点があいまいです。

③　自分自身で自覚していれば、知識等を高めなければと思うし、個々の能力のレベルアップも必要であるが、隊として活動する機会の多い消防にとって、隊全体のレベルアップ、消防署全体のレベルアップが、結果として助けを求めている人々の安全、安心を守るものとして、役立つと思いますし、知っていることは指導し教える、知らない、自分が経験していない体験、事例などは教わり、自分でも知識を高め隊全体のレベルアップができる指導を心がけたいと思っているが、なかなかできていないのが現状である。

コメント

ここでは、「自己啓発」、「隊員個々」・「隊全体」・「消防署全体」のレベルアップを図ることは、結果として助けを求める人々の安全、安心に繋がるのだ、と述べています。確かにそのとおりです。自ら能力を高め、個々の隊員、隊、消防署のそれぞれのレベルアップを図れば、市民の安全に繋がる問題であることは、よく分かります。しかし、レベルアップという意味は漫然としています。具体的にどのような点についてレベルアップを図るのか、となると、この点が明確ではありません。レベルアップを図るべき具体的な内容を明確にすれば、文章そのものに説得力がでてきます。

後段で「**知っていることは指導し教える、知らない、自分が経験していない体験、事例などは教わり、自分でも知識を高め隊全体のレベルアップができる指導を心がけたいと思っているが、なかなかできていないのが現状である。**」は、自らの指導のあり方について述べています。指導を心掛けてはいるものの、なかなかできないのが現状である、と締め括っています。「できない、で締め括らないで、どうすれば適切な指導ができるか」、と前向き指向で自らの考えを記述すれば、一層、文章が引き立つものと思われます。

④ **今まで後輩であった職員が、昇格によって上司になったり、逆に自分が先輩の上司になったときの職務上の人間関係は、相手もあることですし、どうなるだろうかと考えることはある。**

コメント

ここでは昇格後のことについて述べています。部下（後輩）が昇格して自分の上司となる、年齢の若い自分が昇格して、「年輩者の部下を持てば、果たして人間関係がうまくいくのであろうか心配だ」と述べています。ここでの文章は、昇格した後の人間関係について述べています。どうなるか心配する気持ちはよく分かりますが、重要なことは、組織というものは能力を無視して先輩・後輩だけで人事管理を行えば、組織は衰退してしまいます。組織や人事管理の基本を理解する必要があります。

（全体を通してのコメント）

＊ 文節が長い、このため読む人に真意が伝わりにくい
＊ 何を述べたいのか論点が明確でない、単なる状況説明で終わっている
＊ 文章の導入、本論、締めくくり、がない
＊ 文章の展開に繋がりがない
＊ あいまいな表現が多い

＊「である」と「ます」が混在している

文章作成上の注意

○ 読点を多く使った長い文節を書かない

原文の最初の文章三行を読むと読点が多いのに気がつきます。読点とは、文やことばの切れが分かるように、意味の切れ目に打つ記号（「、」）をいいます。三行を読んでようやく最初の句点（日本語の文章で、一つの文章の終わりにつける「。」）が出てきます。三行の文章は、読点が多いので、理解しにくい。読点は必要に応じて使えばよいのですが、使い過ぎると読み手に混乱が生じ、読み直す負担が増えます。文節は努めて短くするようにします。

○ 文章は簡潔にして無駄を省く

「消防吏員となり年数の浅い職員に対しては……」は十九字ですが、**「経験年数の浅い職員は……」**に置き換えれば、約半分の十文字に短縮され読みやすくなります。

原文の「自分自身で自覚していれば……」は、単に**「自覚」**で意味が通じます。自覚とは、「自分で感じとること、自分でよく知ること」を意味します。重複する無駄な文章は努めて省くようにします。

○同じ言葉を繰り返さない

短い文章の中で「レベルアップ」が四ヵ所あります。短い文章の中で、同じ言葉を繰り返すことは間違いではありませんが、よい文章とはいえません。**「個々隊員の能力、隊全体、消防署全体のレベルアップを図ることは」**に置き換えると簡潔な文章になります。

レベルアップは「水準を高める」という意味がありますが、類似する言葉には**「能力の向上」**があります。同じ言葉を繰り返し使わないで、類似する言葉（例えば、能力の向上）に置き換えるようにします。

大野　晋は、次のように述べています。

＊「文章を書くには一度使った単語や言い回しを二度繰り返さないという文章上の美意識がある。それに触れる。何か別の言い回しが必要になる。そのとき、その書き手がどれだけ語彙をもっているかが問題になる。類語辞典が役立つのはそういうときです。（大野　晋著、「日本語練習帳」岩波新書）

○分かりやすい文章表現を心掛けよ

「年齢が近い後輩等は、各分野においての知識等があり、救命士、救助、予防等ある程度専門的なことについては、それに携わっている後輩に教えてもらったり、指導を受けている部分もある。」といった表現は、**「自分の年齢に近い経験のある部下は」**、とした方が分かりやすいのではないでしょうか。

○ 用語の統一を図る

「もらったり……」は、「したり……」と同じで、動作や作用を列挙するために、「したり、〜 したり」と二つ以上並列させて用いるのが一般的です。ここでは、一つだけ使われているので一般的ではありません。むしろ**「専門的なことは、業務を担当している部下から教えてもらう等、指導を受けることがある」**とした方がよいと思います。

本文④の文章は、事例研究で、よく出される問題です。

既に述べたように、組織における人事管理は、能力主義、適材適所主義を原則としています。年長者が常に上司になるとは限りません。年齢に関係なく能力に応じてポストが与えられるのが基本原則です。組織は、ポストに見合う責任と権限を与えています。このことをクールに理解しないで、とかく先輩、後輩の関係を意識し過ぎると、組織の円滑な運営に支障をきたします。

しかし、現状の人事管理は年功序列主義が強いので、先輩を追い越すと人間関係がどうなるのか心配になるものと思われます。

若輩の自分が先輩の上司になったならどうしよう、といった疑心暗鬼な気持ちでいるとどうしても自信のない文章になります。小論文では、基本原則（能力主義、適材適所主義）を前提に、自信のある答案を書くようにしたいものです。

自ら問題を作り、答案を書いてみよう

仮に小論文試験で「部下指導はいかにあるべきか、あなたの考えを述べよ」といった問題が出題されたなら、あなたは、どのような観点から答案を書きますか？

私は、この問題に対し、次のような答案を書いてみました。模範解答だというつもりはありません。読者の皆さんは、このテーマに対し、どのような答案を書きますか、自ら考えて書いてみて下さい。

「部下指導はいかにあるべきか、あなたの考えを述べよ」

部下指導は、部下への仕事の配分、目標管理と個々の責務、倫理・道徳感の醸成、教育訓練、安全管理、職場の士気、能力評価、職場士気の高揚等、その範囲は広い。そこで「部下指導」、「能力開発」、「人間関係」の三つについて述べてみたい。

①「部下指導」

職務経験の浅い部下には、職務上のことについて自信を持って指導できるが、部下の中には、救急救命士、建築士等の国家資格や予防技術等、専門的知識を持った人がいて、教えを受けることがある。

指導的立場にたつと、すべて知識、技能に精通していなければならないと考えやすい。資格や専門的知識を持つ部下には負い目を感じやすいが、部下を監督し指導すべきことと、部下の専門的知識、資格とは切り離して考えるべき問題である。部下の専門的知識を意識して指導できないようでは、監督者としての責任は果たせない。監督という意味は「ある集団のまとめ役として、メンバーの指揮、指導に当たること」をいう。仕事の手順に誤りがないか、法令、規則、倫理、道徳、内部組織の規範に反してはいないか。労働、安全、衛生、快適な環境が十分確保されているか。個々職員の職務意欲は旺盛か、災害活動、訓練、事務処理等についての職場教育は適切に行われているか等、計画、統率、調整、人事、労務管理等を適切に行うことが監督者としての責務であると考える。

昔から「教えることは、学ぶこと」といわれるように、専門的な知識を有する部下から教えてもらうことは、決して恥ずかしいことではない。人間は先輩、後輩に関係なく教えを乞うことによって成長するのである。多くの専門性を持った部下がいるということは、それだけ強い組織集団だといえる。

② 「レベルアップ」

レベルアップは、能力開発を意味する。能力開発は、部下だけに求める問題ではない。管理・監督者になると、ともすると部下の能力の向上に目が向き、自己啓発を忘れがちである。部下の能力開発は勿論、大事だが、監督者としての人格形成、経営管理能力、強いリーダーシップを高めるための自己啓発が重要となる。

部下一人ひとりの能力を高めるには、部下の能力を把握し、能力に応じて仕事を配分し、推進目標、進行管理、仕事の成果の確認など具体的に把握する必要がある。ただ漫然と仕事を配分して行わせるだけでは成果は上がらない。訓練に伴う技能にしても個々隊員の技能をしっかりと把握し、優秀な隊員の能力を目標に、個々隊員のレベルアップに努める必要がある。

小隊、中隊としての能力の向上、消防署全体の行政能力をどう高めるか。管理・監督者、個々の職員、小隊・中隊等、消防署全体のレベルをどう向上させるか、が重要である。

年度方針で「精強な消防部隊の育成」と示されると、組織の末端まで、同じスローガンで目標管理を掲げることが少なくないが、これでは目標管理にはならない。トップが方針を示せば、それぞれの持ち場、持ち場で、具体的に、どのようにして「精強な消防部隊を育成するか」創造性を発揮し、具体的な目標を立てて実践することが目標管理である。

③「人間関係」

火災、救助、救急等の災害活動は、組織集団の力に負うところが極めて大きい。組織集団の力は、上司、同僚、部下等、互いに協力しあうことによって、成果を生み出すことができる。このため平素における人間関係が何より重要である。

階級制度の社会では、上意下達、指揮統率、責任の明確化を図るうえでメリットがあるが、階級の上下の関係で意思の疎通が欠けやすい。

若い消防士達が、若い者同志でのコミュニケーションを図れば、監督者との人間関係が希薄となりやすい。監督者は、胸襟を開いて意思の疎通を図る必要がある。今の若い消防士は、「個」が尊重される自由な時代に育てられてきたためか、集団に馴染まない傾向がみられる。若い人との人間関係は、監督者の方から積極的に声を掛け、意思の疎通を図るように努める必要がある。上司、同僚との関係においても、よく言われる「ほう・れん・そう」（報告、連絡、相談）をモットーにこれからも努力していきたい。

「部下指導」、「レベルアップ」、「人間関係」について私の考えを述べたが、部下指導の問題は、いろいろな観点から考えなければならない問題であるだけに、これからも有能な幹部になるために自己啓発を通じて能力の向上に努めたいと思う。

書いた文章は評価してもらえ

だれでも自ら書いた文章は、人に見せたくないものです。添削してもらうとなると、なおさら嫌なことだと思います。恥ずかしい、みっともない、自分の文章作成能力のなさを相手にみられてしまう、といったことが気になるからです。しかし、そうは言っても、自分で書いた文章を、そのままにしておいたのでは意味がありません。どこが良くてどこが悪いのか分からないからです。

書いたものを人に見てもらうには、「あの人に見てもらいたい、良い評価を得たい」という人を選ぶことです。しかし、現実の問題として、見てもらいたいあの人にとなると、そうざらにはいませんが、上司、知人、友人などを探せば力のある人が必ずいるはずです。

人に読んでもらい、講評してもらうことによって自らの弱点を知ることができます。私は、今でも原稿が仕上がると必ず信頼のおける数人の知人に原稿の評価・校正をお願いします。自分では、間違いがないと思っていても、他人に見てもらうと、思いの外、用語の使い方、文章表現、字足らず、誤字、重複等、指摘されることが少なくありません。

力のある人から良い評価を受けると「やる気」が出てくるので励みになります。この人に、と思う方に原稿をみてもらい、良い評価をもらうまで、ひたすら努力することです。

厳しい注意を受けても頭にきてはいけません。「なにクソ！」と思うチャレンジ精神がなければ能力の向上には繋がりません。

書く習慣を身につけよ

「十読は一写に如《し》かず」、「十遍読むより一遍写せ」といいます。どちらも同じ意味で、本を繰り返し読むよりも一回でもよいから書き写したほうが、内容を理解し記憶に留めることができるという意味だと思います。

書くことは面倒なことだ、と考える人が少なくないようですが、書く能力を高めるには、書くことの習慣をつけることです。

最初は書くことが嫌だなと思っても習慣づければ、いつしか慣れ親しんでくるものです。

私が小学生の頃（戦前）は、「つづり方」《作文》をよく書かされました。戦後は、作文の時間がめっきり少なくなり、このためか、ゲームやパソコンに強くても文章を書くことは不得意だという人が少なくないのです。

最近、学校教育で書くことの重要性が見直されるようになりましたが、ワープロ、パソコンに依存して手書きが少なくなりました。幹部になれば、自筆でものを書くことに慣れることが重要です。

①書くことを敬遠しない、②書くことを習慣づける、③良い文章を書くための作戦、戦略・ノウハウを持つこと、この三つが重要です。

日記、手帳、パソコン、職場での起案文の作成、報告書等、周囲を見渡せば書くチャンスはいくらでもあります。なにごとも実践することです。

文章を書いたなら、要点は的確か、誤字脱字はないか、簡潔明瞭な文章になっているか、何回もチェックし、必要に応じて書き直し見直すことが重要です。そうすることで、知らず知らずのうちに表現方法や着眼点を見出すようになり、よい文章が書けるようになるのです。

書く場を作れ

(1)　手帳等の利用

私は厚めの手帳を使用し、日記やメモ代わりに使います。毎日必ず書く（メモ）ことはしませんが、必要に応じてメモをとります。

メモの内容は、職場内のできごと、同僚、上司、部下との関係、組織、部下指導、人間関係、仕事の処理方法、合理化の方法、市民サービス等、いろいろです。手帳ですから、沢山書き込むことはできませんが、メモする努力は、問題意識を高めるうえで効果があります。思いついたら、できるだけ早くメモをとる習慣をつけるようにします。

(2) 文章を気楽に書くには

さりげなく、力まず、自然体で文章を書くようにします。「巧く書こうと考えない」、「書くことに慣れる」、「起承転結に捉われない」、「どんどん書いてみる」、そうすれば、自然と書く楽しみが湧いてきます。このことが重要です。

(3) 文章が巧くなるには

次のことに留意し、実践することです。

＊ 多くの本を読み、文章表現を研究し、書くことに慣れるようにします

＊ 書いた文章を推敲《すいこう》します。**推敲**《すいこう》とは、文を読み直し、文を削ることをいいます。これを繰り返すことで、正しい文章となり読みやすくなります

＊ リズムのある文体にするには、何度も書いた文章を読み返します。何度も手直しをします。そして声を出して読むようにします

＊ 知り得た知識・情報を整理する

＊知識・情報を記録する
＊よい文章の文体を研究し真似をする
＊作文、スピーチに慣れる
＊国語辞典、百科事典、電子辞書、パソコンを活用する
＊手帳にメモする。日記をつける
＊新聞の文章、社説、コラム、天声人語等の文体を研究する

小論文は、作文・レポートを書く要領で

小論文は、難しい学術大論文ではないので、作文、レポートの一種だと思って書けばよいのです。

作家、本多勝一は、「日本語の作文技術」（朝日文庫）という著書で、文章が有する性格を「文学的」と「事実的」に分けています。文学的グループは、「大衆小説、随筆、純文学、詩歌」をいいます。事実的グループには、「論文、評論、解説記事、新聞記事」をいいます。この分類に従えば、昇任試験の小論

文は、事実的グループに属することになります。本田勝一は、この著書で、『「事実的」、「実用的」な文章のための作文技術を考えるに際して、**目的はただ一つ読む側にとって分かりやすい文章を書くこと、これだけである**』。（同書P.10）と述べています。「読む側にとって分かりやすい文章を書くことだ」、ということは重要なことです。銘記して下さい。

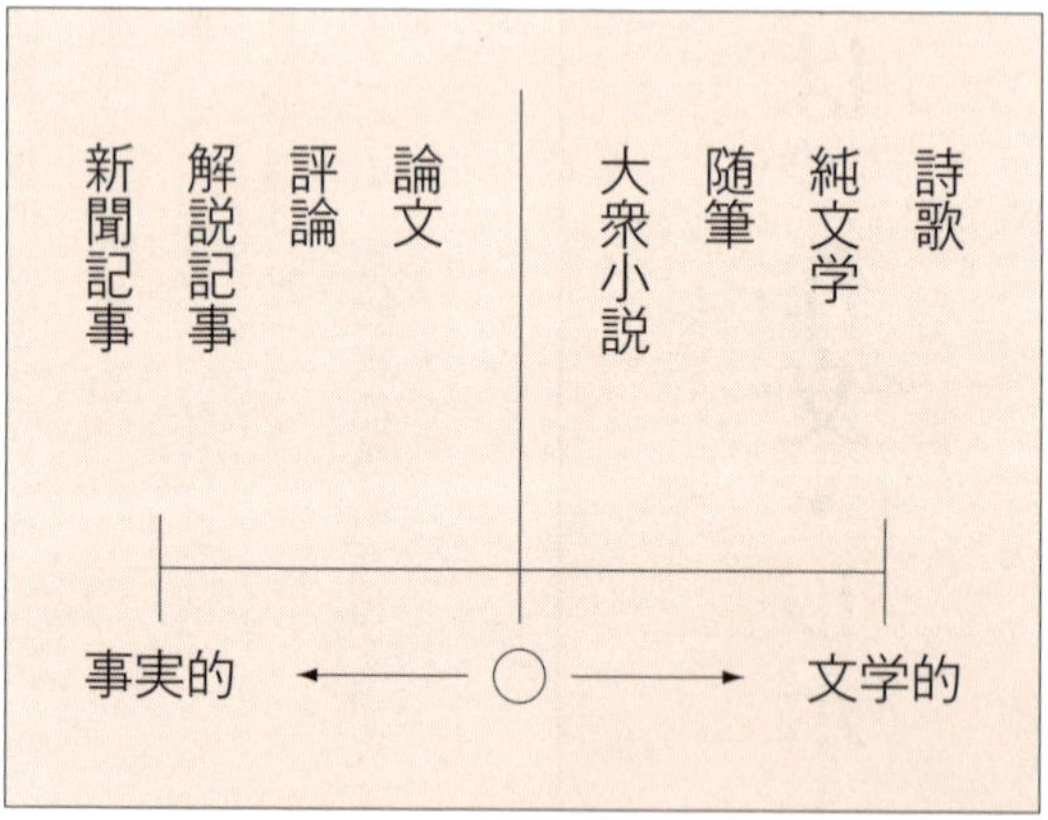

（「日本語の作文技術」本田勝一、P.10 朝日文庫）

第三講のまとめ

○話す力、書く力の関係を理解する。
○「三分間スピーチ」のできる内容を作文する。声を出して読む。リズムのある文章にする。
○簡潔明瞭な文章にする。
○読む人に分かりやすい文章にする。
○書く習慣を身につける。
○書く場を作り実践する。
○作成した文章は、他の人に見てもらい講評してもらう。

第四講

知識の向上をはかるには

◆幹部としてのあるべき姿をイメージする

◆用語の持つ意味を掘り下げよ

◆自分流のノートを作れ

◆施策（政策）に関する小論文

◆政策（施策）に関する文章の研究

幹部としてのあるべき姿をイメージする

資本主義経済が発達しグローバル化が進んだ現代社会は、利潤を上げることだけに目を向け、人間に対する思いやりの精神、優しさ、誠実さが失せ、道徳、倫理に欠ける殺伐とした社会になりました。特にサブプライム問題に派生する経済の失墜は、多くの国民に不安を与えています。厚生年金問題、政治家、官僚などの汚職・不祥事など、国民の行政に対する不信感が増しています。利潤を上げ、知識・技術だけが先行し、人間としての倫理観や道徳感がないがしろにされてきたからです。

人間としてのあるべき姿を第一に考えなければならない問題です。小論文試験では、「幹部としての心がまえについて述べよ」、「幹部はいかにあるべきか」、といった問題が出題されることがあります。このような問題にどう答えたらよいのでしょうか？　人間としてのあり方、人間の道、人格や教養に関する問題です。消防・防災に関する知識だけでは到底、答えることのできない問題です。人間学を学び、自らの道徳観について述べられるようにしておくことです。

「文系の小論文では、①人間の生、②現代社会における人間の生、③現代社会の在り方、の三つが究極の主題なのである」（西研・森下育彦「考えるための小論文」ちくま書房）と述べているように、人間としてのあり方について自らの考えを持つことです。

小論文を書く上で、書く人の人間性や道徳感が知らず知らずのうちに答案に反映します。「幹部としてのあり方」は出題されやすいだけに、平素から道徳、倫理について、本を読み、自らの考えや実践規範に努めることです。いい加減な考えでいると答案に凛《りん》としたものを感じさせず、生ぬるい答案になってしまいます。

用語の持つ意味を掘り下げよ

小論文試験に出題されやすい用語（使われている言葉）は、徹底して深く研究することです。このことが答案を書く上で大きな力となります。多くの人は、このことに気がつかず、薄っぺらな答案を書いてしまいます。出題されやすい用語には、例えば、「組織」、「管理」、「リーダーシップ」、「公務能率、指導

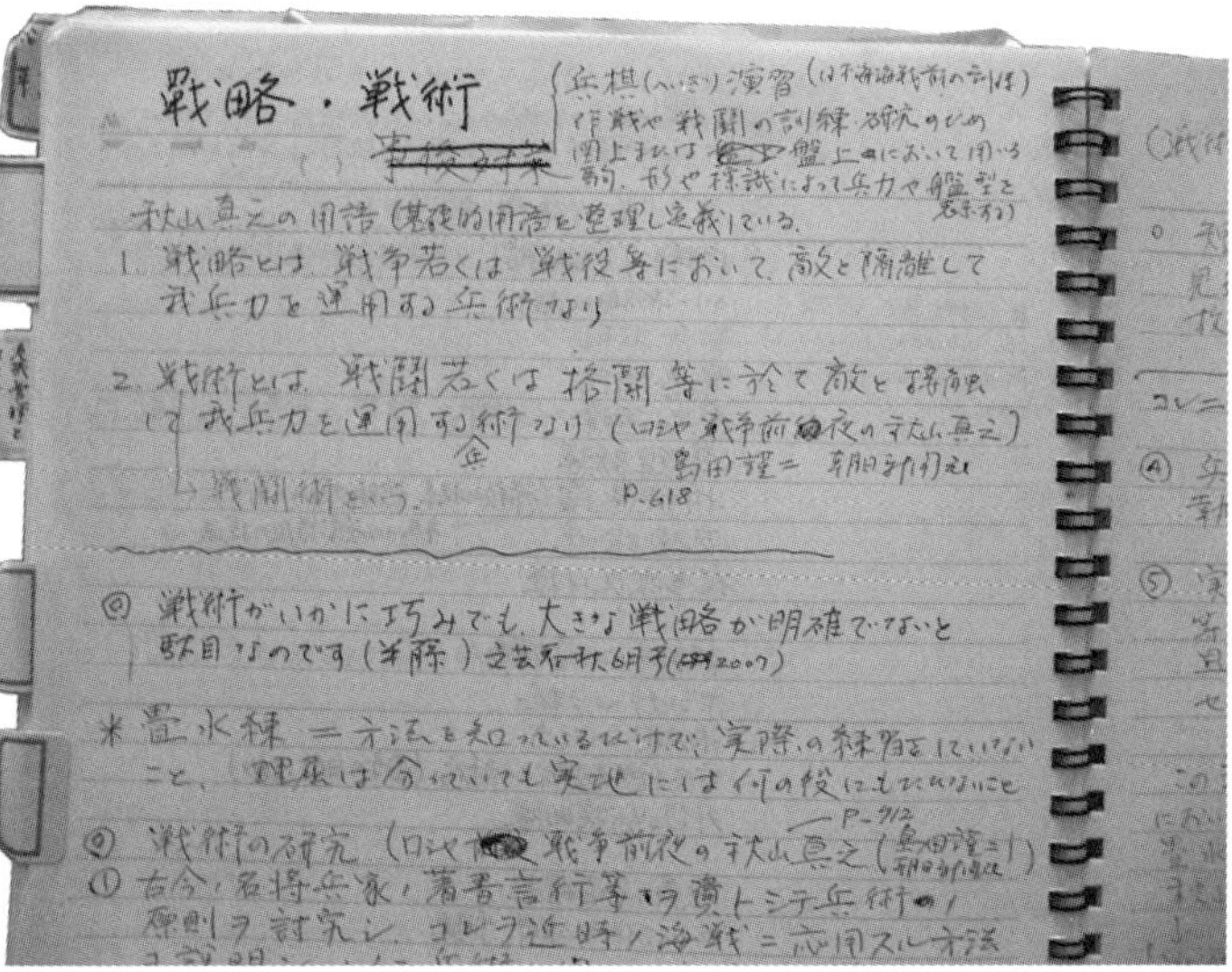

ノートによる用語の整理

力」、「目標管理」等があります。

日本人は、一般に「あ・うん」の呼吸で会話をしがちです。「消防精神」と言うと、消防精神とはどのようなことを意味するのか、話をする方も話を聴く方も分かっているかのように話をします。ところが「消防精神」とは何か、と改めて問われると自信を持って説明できる人が少ないのです。

「組織」についても同じことがいえます。「組織に問題があるのか？」「いや〜組織の問題ではない、組織に配置する人の問題だよ」、といった話しを聞くことがあります。しかし改めて「組織」とはなにか？　と問われると具体的に説明できない場合が少なくないのです。広く、深く考えて理解することが重要です。

日常の会話では言葉の持つ意味を深く考えなくても成立しますが、文章を書くときは、使う言葉の意味を具体的に説明ができるようにしておくべきです。具体的な事例に結びつけて理解するのも一つの方法です。

自分流のノートを作れ

ノートを一冊用意します。「用語の見出し」を付けて、知識・情報を整理すると便利です。ノートを繰り返し読み、理解し暗記するのです。

（例）

＊　施策、管理、監督、幹部、経営、マネジメント、リーダーシップ
＊　組織力、組織と人、行動力、服務規律、職場士気、職務の遂行、使命感、責任、階級の特質
＊　能率、管理者像、リストラ
＊　モラル、モラール、消防精神、気力
＊　部下指導、人間関係、部下の育成、資質の向上、接遇

自分流のノートを作る

＊自己啓発、能力の向上、問題意識、職務意欲等

用語の意味は、辞書や参考書で調べて定義や原則を引用します。具体的な事例、新聞、雑誌、機関誌、人の話し等、いわば自分流のノートを作り、ノートによるデータベースをつくるようにします。面倒だな！　と思ってはいけません。面倒がらずに先ず実践することです。

ノートに必要事項を記述し、何度も読み返します。「門前の小僧、習わぬ経を読む」ではありませんが、繰り返すことで脳に染み付くようになるのです。

すぐに結果を求めるのではなく、三ヵ月、半年、一年と継続すれば、ノートの中味も充実し、ものの見方や考え方も広くなり自信がもてるようになるのです。

次の①～⑧は、ノートに記述した一例です。

① 消防精神、使命感について

「精神」とは何か、辞書によると「精神」とは「心、ます。しかし、用語の持つ意味を理解するには、これだけでは十分ではありません。「消防精神」の説明は消防法令には定義されていないので、自らの考えが必要です。

私は、消防精神とは何かと、問われれば、「火災等の災害から人命や財産を護るために、火災を予防し、災害が起これば危険を顧みることなく人命を救助し、災害を鎮圧するために勇気をもって災害に立ち向かう強靭な気力（心）体力を意味する」と理解しています。さらに「使命感」とは「公のために尽くす心、人命、財産を護るために、情熱を持って職務遂行に励むこと」を意味します。しかし、これだけでは、単に用語を説明したに過ぎません。そこで答案を作成するには、消防精神、消防の使命感は、どこから由来したのか、なぜ消防の職務にとって消防精神が必要なのか、について考えるようにします。私は次のような手順で消防精神の意味について考えたことがありました。

昔から武士道精神、軍人精神、消防精神、警察精神といった言葉が使われてきました。ここに共通するのは、命を賭して職務にまい進する、といった共通の理念があります。

精神、使命感とは、目でみたり把握することのできないものです。

「心」、「気力」、「艱難辛苦に耐えることのできる忍耐力」、「克己心」いずれも同じです。「勇気」、「忍耐」、「心」、「やり遂げる強い信念」「気迫」、「気力」はどこから由来するのか調べてみると一層、理解を深めることができます。

武士道精神に関する本や、四書五経には、「修業」、「訓練」が重要と述べてあります。心身の鍛錬を通じて精神力が芽生えてくるのです（詳しくは、筆者、「幹部の能力開発・自己啓発」参照）。

消防が行う訓錬は単なる技能の修得を図るだけではありません、厳しい訓練によって「さあやるぞ！」といった強い気力が養われます。酷暑だから、寒さが厳しいから訓練を中止しようと部下から言われても上に立つリーダーは、部下に対し、厳寒、酷暑に関係なく、技能の向上、精神力を鍛えるため強いリーダーシップを発揮する必要があります。

あえて繰り返しますが、単に用語の意味を浅く理解するのではなく、言葉の究極にある意味を理解することです。それには関連する本を読み、考え、研究することです。平素からいろいろな事例に接し、観察し、本を読み、ものごとの理屈を覚える訓練が必要です。手作りによる体系図を数多く作り、頭の脳のファイルボックスに刷り込むことです。

② 組織とは何か、組織力を高めるには……、

組織とは何か、辞書には「組み立てること、部分と部分とを相互に関係づけて、全体として一つのまとまったはたらきをする仕組みを作ること。ある目標を達成するために、成員の役割と相互関係が定められている人との集合体を作ること…」と説明しています。

組織とは一言でいえば、「一定の目的を持った人の集合体」です。だが、このような抽象的、形式的なことを憶えてみても答案にはなりません。そこで消防の組織に結び付けて「組織とはなにか、組織はいかにあるべきか」、「組織力を高めるにはどうすればよいか」といった問題について考えるようにします。

「組織は人なり」といいます。消防の組織は、消防組織法等の法令に基いて組織が設置されます。本部の組織、人の階級や定数は、条例、規則などに基いて消防本部、消防署、消防分遣所、人の定数、消防車両の

配置定数について定めています。組織は、法令・条例、規則、人の配置（幹部・職員）、もの（建物・施設・設備・装備・車両、情報通信など）から成り立ちます。しかし「組織」は、実体として把握することができない存在です。

組織について説明を求められれば、せいぜい組織図、組織規定、事務分掌、管理・監督体制、部隊の編成等といった説明しかできないと思います。

組織力とは、**「組織を構成する幹部・職員、車両、施設、建物、情報通信などによって生み出す力を組織力」**と理解すれば、少しは分かりやすくなります。

上に立つ幹部の指導力がないと指揮命令系統は混乱し、災害活動は低下します。予防業務についても同じことがいえます。**①上に立つ幹部の強いリーダーシップ、②職員の職務意欲・情熱、③士気の高さ、④互いに協力し合う強い心の絆は、組織力を考えるうえで重要です。**

出題のテーマに「組織」が出たならば、反射的に「組織力」、「職場士気」、「幹部のリーダーシップ」、等と関連づけ、瞬時に閃くように平素から訓練しておくことです。このことは、逆に「リーダーシップの重要性について述べよ」、「職場の士気について述べよ」と出題されたならば、反射的に組織力、団結心、旺盛な士気など、瞬時に思い浮かべるようにすることです。リーダーシップが発揮されなければ、個々職員の士気、職務意欲は低下し、責任の所在は曖昧となり、事故やトラブルが発生し易くなります。当然のことながら組織力が低下することになります。この関係をよく理解しておくことです。

組織は人事管理にも大きく関連してくるだけに注意すべきテーマです。

③ リーダーシップについて

「管理」と「マネジメント」との違いについては既に説明しましたが、「リーダーシップ」と「管理・監督」との関係においても違いがあります。外来語と日本の風土に根ざした言葉の意味は必ずしも同じでないのです。このことが意外に理解されていないのです。

消防の仕事は、災害活動という重大な使命を担っている関係で、業務の特質として初級・中級・上級幹部を問わず、「強いリーダーシップ」が求められます。幹部は、誰でもリーダーシップを発揮しているか、となると必ずしも発揮しているとはいえません。下の表は、その違いを示したものです。

幹部であれば、誰でもリーダーシップが発揮できるかというと、必ずしもそうとはいえません。大きく分ければ、リーダー型と管理者・監督者型の二つのタイプに類別することができるからです。

リーダーとマネージャーの違い

リーダー	マネージャー
改革者	管理者
開発者	維持者
鼓舞する	コントロールする
長期展望型	短期展望型
何か、何故かを聞く	どのようにして、いつ行うかを聞く
創造する	仕事に責任を持つ
現状維持体制に挑戦する	現状維持を受け入れる
正しいことを行う	ものごとを正しく行う

「LEADERSHIP」Hughes/Ginnett/Curphy McGraw-Hill International より引用

④ マネジメントについて

日本語の「管理」と「マネジメント」は似た概念ですが、同じではありません。『マネジメント』は経営管理とも訳されています。日本語でいう「管理」は、「良い状態で維持する。管轄し処理する」、といった意味があります。「マネジメント」は、「意図する方向に向かって支配し、制御すること」、「一定の目的に導くこと」、「組織の方向づけや指揮、監督等を行うこと」を意味します。

「浪費の排除、人と物との保護と効果的使用、従業員の福祉、利益の保護を追及する」（ホワイト）といった積極的な意味が含まれています。（「マネジメント」について詳しくは、筆者「消防行政管理」（近代消防社）参照）

公務員社会は、国、地方を問わず、長年にわたり、年功序列、前例踏襲主義で仕事をしてきた関係で、民間対比との関係において合理化、能率化に欠ける点が少なくないのです。行政改革、構造改革の問題は、経営的な行政管理が求められます。マネジメントを学ぶことの重要性は、ここにあるのです。

消防士長、消防司令補の小論文試験では、仕事の管理、部下指導、監督者として責務、職場士気等が出題されやすいのに対し、司令長、司令の小論文では、組織、管理、業務効率、事務改善、政策に関する問題が出題されやすいのです。

（経営に関する良書に学べ）

ドラッカーの「マネジメント」、テーラーの「科学的管理法」、ファヨルの「産業ならびに一般の管理」、松下幸之助の著書等は、いずれも現場の経験を踏まえて述べているだけに参考になります。

組織や人間関係、仕事の仕方、部下指導等について企業向けに書かれた本のなかには、読むに値する数多くの良書があります。

⑤ 部下指導について

「部下指導」は小論文試験に出されやすい問題です。

松下幸之助は、指導者について次のように述べています。

「指導者というものは、一つの指導理念というものを持たなくてはならない。そういうものを持たずして、ただその場その場の考えでことを行っていくということでは、到底人びとを力強く導いていくことはできない。だから、国家の指導者であれば、政治の哲理、企業の経営者であれば経営理念というものをそれぞれに持つことが大切である。もちろん、一国には憲法があり、会社には定款(ていかん)というものがあって、そこに国としての、あるいは企業としての基本のあり方が書かれているわけである。しかし、そうした憲法や定款を生かして、生きた国家経営、企業経営を生み出していくものは、指導者の指導理念である。指導者が指導理念を持ち、そこからそのときどきの情勢に対応する具体的な方針を次ぎつぎと生み出していくことが、真の発展を生む最大の力となることを銘記しなくてはならない。

(P.81　松下幸之助、指導者の条件、PHP文庫)

松下幸之助は、経営者であると同時に多くの人材を養成し、名著を残しています。民間企業の著名な経営者の書いた本は、消防社会の組織、人事管理と対比して考えると有益です。

例えば、「指導者の条件」（松下幸之助、ＰＨＰ文庫）、「上司の哲学」（江口克彦・ＰＨＰ研究所）は、いずれも具体的で易しく説明しています。

「消防の指導者はいかにあるべきか」について、対比してみると参考にすべき点が少なくありません。このようなところから学ぶことによって、自分なりの指導理念が芽生えてくるのです。

消防の社会は、組織集団で仕事をする関係で、「部下指導」という言葉がしばしば使われます。組織集団を統率し、災害活動や日常の業務を適切に処理するには、規律の保持、職場の士気、職員一人一人の気構えをどう高めたらよいか、自分なりの考えを持つことが必要です。

「部下指導」の具体的な手法について体系的に整理しておくことは、小論文対策を考えるうえで重要なことです。

⑥ 目標管理の重要性について

幹部になると一人で仕事を独占し、部下に仕事を与えない人がいます。これでは部下は育ちません。組織目的を達成するには、監督者一人の力では大きな成果は得られません。部下に仕事を割り当て、互いに協力し、力を結集することで組織としての大きな力を発揮することができるのです。

問題は、「部下に仕事を与え、やらせればよい」というのではなく、「目標管理」が重要です。

目標管理は、ドラッカーやシューレーによって提唱され、「組織の目標向けて、組織内で働く個人の目標と同時に達成させようとする管理方法」をいいます。

ドラッカーによる目標管理（Management by objective）の考えは、人間と仕事の統合をはかろうとする新しい視点で捉えています。日本にこの考えがもたらされるようになったのは昭和三十～四十年頃のことです。現在では多くの企業や自治体で取り入れるところが増えてきましたが、企業は度重なる不況を経て、年功序列主義では立ち行かないことを痛感し、能力主義に転換せざるを得なかった経緯があります。しかし、行政はようやく最近になって目標管理やマネジメントの重要性や考え方を導入するようになりました。

仕事を漫然と部下に命じるのではなく、管理・監督者、職員一人ひとりが組織の方針に基いて目標管理の下に仕事をすることが重要です。そうすることによって、職場の士気を高め、組織目的を達成することができるのです。

災害活動のない待機業務は、いつ出場指令が入るか分からないので、ともすると計画的な仕事はできないと判断し、場当り的な仕事をしがちです。災害のないときでも目標管理のもとに訓練計画、装備の点検整備、各種調査など、計画的に仕事を推進する必要があります。

目標管理は、定義だけを憶えようとしても記憶に留めることは難しいと思います。そこで具体的な事例に結びつけて憶えることも一つの方法です。私は消防を退職して、セゾングループに勤務しました。あるとき、S百貨店グループのN社長が社員を前に火の用心を例に「目標管理の重要性」を話されたことが、とても印象的でした。

「私が、火の用心というと、専務も、常務も、部長も、店長も、係長も火の用心、現場の社員も火の用心になってしまうのです。要するに、言葉だけが伝えられるのです。こういうものの伝わり方というのは、全くやる気のない、いい加減な会社の伝わり方なんです。

私が「火の用心」といったら、具体的に防火責任者を決め、どのような点検項目を決め、更に防火訓錬を行い、設備の中で消火器がどのような状態に置かれ、スプリンクラーがどうなっていて、万一の際に、外部とどのようなコミュニケーションや通報手段があり、トータルとしての仕組みがどのようにできているか等について、一つ一つブレーク・ダウン（項目別に分類すること）された現場の状態をつくることが肝心なのです。

トップの指示、命令が具体的に一人一人の目標管理に置き代えて行くのでなければ会社、即ち、組織としての命令、指示とは言えないのです」（筆者、消防行政管理、P.167より引用）

これに似た話は消防の社会にもあります。現職の頃、庁の年度方針の一つに「精強なる消防部隊の育成」が示されると、方針を具現化することなく消防署、出張所に至るまで同じスローガンが掲出されているのを見たことがあります。目標管理の意味が正しく理解されていないのです。

小論文対策では、抽象的な定義を記憶に留めることが難しければ、具体的な事例と結び付けて記憶に留めると比較的容易に記憶することができます。

目標管理は、組織全体の目標から各構成員がそれぞれの職務について具体的な個別目標を設定し、自らの責任において目標の達成に向けて努力し、結果について自己評価させ、自主性を尊重し組織に対し、貢献意欲を高めるところに目標管理の特質があります。

目標による管理のサイクル

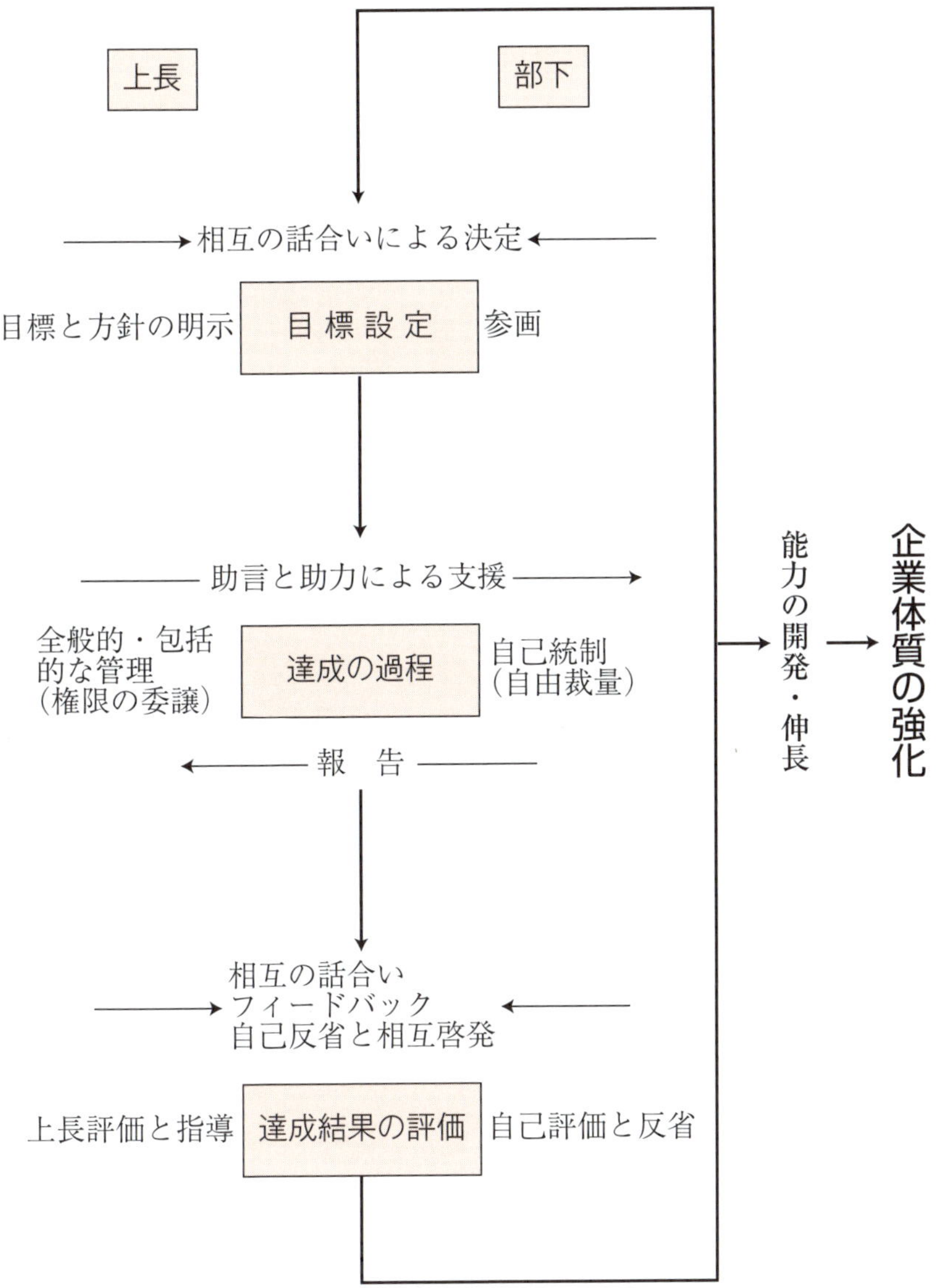

「最新・目標による管理」（幸田一男著より引用）

⑦ 人間関係について

消防は、人の集合体である組織に基づいて行動するだけに、よき人間関係の維持が重要です。

小論文試験では、「人間関係について」という言葉がズバリ出題されなくても、例えば、次のような問題が出題されたならば、「人間関係の問題」を避けては通れません。

○「組織の充実強化」
○「職場の士気高揚」
○「仕事の成果を高めるための方策」
○「活力のある職場をつくるための方策」

例えば、「組織力の充実強化について述べよ」といった問題が出たとします。ここには「人間関係」という用語は使われていませんが、「人間関係の重要性」を抜きにして答案を書くことは難しいと思います。

組織を構成する職員の人間関係の良し悪しで、仕事の成果が大きく左右されます。**よき人間関係を維持するには、どうすればよいか、幹部として何をなすべきか、**について考えてみることです。

日本の社会はこれまで「あ」、「うん」の呼吸で仕事をしてきた関係で、組織とは何か、仕事の科学的管理、能率、リーダーシップ、人間の行動科学等に関する研究があまりなされてきませんでした。欧米社会は、多くの研究や実験を通じて理論構築をしています。

「人間関係（ヒューマンリレーション）」については、有名なホーソン実験があります。

「仲間意識と仕事の成果」、「個と集団との関係」、「人間関係が職場士気に、いかなる影響を及ぼすか」

等、壮大な実験や研究を行いました。組織との関係、職場士気、上司・同僚・部下との関係、インフォーマル組織が組織に及ぼす影響等を発見しました。

経営理論に関する本を読み、原理原則を学ぶことは困難な問題に遭遇した際に、何らかの解決を見出すことができます。

私は、人間関係に関する問題に遭遇すると、いつもホーソン実験の具体的な事例を思い起します。ここからいろいろなヒントが得られるからです。そればかりか具体的な実験・研究は極めて興味が湧き、印象的で簡単に忘れることができないからです。このような経営管理に関する参考書を数多く読むことです。

「人間関係」

社会や集団における人と人とのつきあい、感情的な対応を含む個人と個人との関係（広辞苑）。人と人との関係。特に集団、組織などで、心理面、感情面も含めた人間どうしの関係。ヒューマンリレーション。（明鏡国語辞典）

＊**人間関係**とは、人びとの間の持続的な社会関係における内面的、現実的な関係をいう。すなわち、人間関係は人びとの間に直接の接触を介して自然発生的に形成され、維持される現実の人間対人間の関係であり、そこに参加する人々のいだく特別の感情、気分、意欲などを含み、それによっていろどられる関係である。人間関係という言葉が社会学の中で一定の意味内容をもって語られはじめたのはホーソン実験によってである。産業その他のフォーマルな組織の合理化や官僚制化の進行につれて、機構の歯車化や主体性の喪失など疎外状況が深まるなかで、これに抵抗する生身の人間やインフォーマルな人間関係のもつ論理がフォーマルな組織のもつ論理と鋭く対立する。そこに独自の集合的

信念や集団圧力によって対内的には心理的安定化、対外的には外部の干渉からの防衛という二重の機能を営むことが発見されて以来、巨大組織における人間関係の重要性が発見されたのである。（ブリタニカ国際大百科事典より）

「ホーソン実験」

ハーバード大学教授、E、メーヨーらがウエスタン・エレクトリック社のホーソン工場で行った一連の研究（一九二七〜三二）。作業量にとって照明、労働時間、給与条件などよりも士気、インフォーマル・グループなどの人間関係の社会心理学的条件が重要であることを明らかにして、産業心理学、産業社会学の成立の契機になった。（ブリタニカ国際大百科事典より）

⑧ 職場士気について

いつの時代でも「組織集団の士気を高め統率すること」は、消防に限らず、いずれの職場の幹部にとっても重要です。「士気」とは何か、「物事をやり遂げようとする意欲」、（ベネッセ表現読解国語辞典）「兵士の意気ごみ。転じて集団で事を行うときの意気ごみ」（広辞苑）を意味します。

「士気」とは人の意欲に係る問題です。「士気」は目に見えない存在です。「面従腹背」とは、表面では服従しているかにみえても内心で反抗することを意味します。このような部下が多い職場では、仕事の成果は上がりません。部下の不服や不満を把握するにはどうすればよいか、不満の内容を把握したならば、どのように解決したらよいか平素から、仕事をするなかで不満を見過ごすことのないように把握する必要があります。

私は消防に勤務し二十数回、転勤しましたが、人の顔がそれぞれ異なるように士気旺盛な職場もあれば、士気の上がらない職場もありました。幹部のリーダーシップの発揮の仕方で大きく左右されるのです。

職場には古参の消防士がいます。消防士仲間をとりまとめ、よき人間関係の維持に務め、仕事を円滑に進める潤滑油のような人もいますが、なかには上司に対し、表向きは従っているかに見えても、内心は信頼感を寄せず仲間のグループを蔭で統率し意のままにコントロールする人もいます。このような組織をインフォーマル組織（非公式組織）といいます。

組織のなかで横断的な人間関係を通じてできた組織をインフォーマル組織といいます。言い換えれば、公に定めた組織（公的組織）に対し、ゴルフやマージャン仲間、スポーツクラブ、趣味の集まり等、趣味、趣向等を通じて感情、心理等に起因して集団を創り、ものごとを支配します。

構成員は、非公式組織を通じて仲間意識を持ち、安定感、帰属意識、一体感、満足感をもつようになります。「非公式組織は組織にとって害をなす」といった考えを持つ人がいます。確かに害を及ぼすこともありますが、逆に、職場の士気を高める場合も数多くあります。一方的にインフォーマル組織は総て悪とみなすのは誤りです。

ホーソン実験は、職場の士気を高めるための諸施策を提言しています。例えば、管理・監督者教育、部下の決定への参加、提案制度、事前の協議、コミュニケーション、人事制度、面接制度、職場環境の美化、厚生施設の改善、近代化の推進、人事制度への影響等、現在でも参考となる数多くの提言をしています。

答案のなかで、ホーソン実験、人間関係論について説明する場がないにしても、このような言葉が記述されているだけで、受験者はかなり広い知識を持っているのだな、と評価してくれるのではないでしょうか。

次のような問題が出題されたときのことを想定して、答案を作成してみて下さい。

(例)

＊　職場の士気について述べよ

＊　組織集団の士気を高める方法について述べよ

＊　職場の士気はなぜ重要か

＊　士気とは何か、組織と士気との関係について述べよ

＊　士気とは何か、知るところを述べよ

＊　職場の士気が低い、あなたは監督者として何をなすべきか

＊　幹部としてのあり方(方針を明示しているか、部下の個々の仕事を能力に応じて配分しているか)

＊　目標管理のもとに仕事をしているか

(①仕事の配分、②相互の調整、③部下への権限委譲、④部下の参画、⑤部下の不満・欲求の掌握、⑥部下の仕事の成果)

＊　個々職員の自覚、責任性、職務意欲を阻害する要因について述べよ

(注)「士気」とは、集団を構成する成員たちの多くが、その集団に対する信頼、集団内での自分の役割についての自信、集団目標に対する熱意、集団への忠誠心などをもっているような集団内の心理的状態。本来、軍隊用語では士気という。モラールが生産性、業績に大きく影響するという仮設が立てられたが、多くの実証的研究の結果ではいまだ

実証されていない。作業集団の連帯意識は業績との相関が認められているが、他の満足度や帰属意識の程度は業績との相関があまり認められていない。むしろリーダーシップ要因がモラールを高め、業績との相関も高いことが示されている。（ブリタニカ国際百科事典）

施策（政策）に関する小論文

「施策」とは「行政機関などが政策や対策を立てて実施すること」、「施すべき対策」を意味します。「施策」に類似する用語に「政策」があります。政策とは「政治の方策、政略。政府・政党などの方策ないし施政の方針」（広辞苑）を意味します。施策も政策も役所、企業を問わず同様の意味で使われることが多いようです。

管理職、準管理職の昇任試験の小論文には、しばしば施策（政策）に関する論文が出題されます。司令補、士長の小論文でも「施策」に関する小論文が出題されやすいので、注意する必要があります。例えば「救急に関する問題」、「年度の方針・施策・主要事業計画（施策）」はその一例です。

次のような出題は、施策（政策）に関する問題です。

＊〇〇年度の重要事業施策について述べよ
＊一般住宅火災の焼死者を防ぐにはどうすればよいか
＊大地震から高齢者、身障者の安全を確保するにはどうすればよいか
＊消防対象物の増大と査察体制のあり方について
＊雑居ビルの火災予防対策はいかにあるべきか
＊災害活動と現場の広報体制のあり方について
＊救命効果を高めるための方策について
＊救急件数の増大に対し、どう対処したらよいか
＊少子・高齢化社会が進み、災害弱者の安全をどう確保したらよいか
＊放火火災・特殊災害などで社会不安が増すような災害に対する対策・施策について述べよ
＊救急件数の増大にどう対処したらよいか

ここに掲げた問題は思いつくままに掲げたもので一例に過ぎませんが、時代の趨勢、行政が当面する解決すべき問題など、客観状勢に目を向ける必要があります。

「施策」に関する小論文対策は、平素から問題意識を持って自ら考える習慣を身につけることです。気がついたらノートに記述し資料を集め、考え方を整理します。

「施策」に関する問題は、大都市、中小都市によって実情が異なります。このため自ら所属する消防本部

では、どのような問題（組織内部、市民意識、地域社会の要請など）を抱え苦労しているか、どのような解決策があるか、について考え調べるようにします。単なる抽象論や形式論ではなく、より具体的な解決策について考え、述べることとです。

一例として救急問題について考えてみましょう。救急件数が増えれば、簡単に予算で、増員、増車を認めてもらうことは財政状況が逼迫している現状では大変難しい問題です。このため新たな発想が必要です。

例えば、市民が緊急性がないのにタクシー代わりに救急車を安易に利用する傾向が強ければ、適正に使用してもらうための広報が必要です。緊急性がないのにタクシー代わりに使用する件数は、年間、どの程度の件数になっているか、徹底した広報を行うにはどうすればよいか、いろいろな手法が考えられます。

消火・救助隊と救急隊との連携、市民に理解を得るための広報の強化、民間搬送業者との連携、市民への予防救急情報の提供、救急相談窓口の設置、マスコミへの情報提供、防災市民組織との協力・救急講習の実施等の方法が考えられます。このような方法は既に実施されているものと思います。

施策の答案には従来行われて来なかった新たな手法が必要です。実施してきたことであっても手直しが必要であれば、その説明が必要です。前例踏襲主義の考えからは新たな施策は生まれてきません。独自の創造性、他で行われている手法の応用等が必要です。創造性を発揮することです。幅広い知識やいろいろな情報から新たなヒントが生まれてくるのです。

日常の新聞記事に注目する必要があります。救急に関する問題は、消防の行う救急を中心に考えるだけでは不十分です。「医療の分野」と「救急との関係」について考えてみることも必要です。

「蘇れ　医療……救急、追いつかぬ態勢」と題して、（09年1月13日・日経）次のような記事があるので、その一部を引用してみます。

通報段階で識別

十年間に救急車の出動件数が約一・五倍に増え、軽症が過半数を占める日本はどうか。横浜市は昨年十月、通報段階で緊急度や重症度を識別して出動する救急隊員の数を増減させる『コールトリアージ』を全国に先駆けて開始、夜間・時間外に来院した軽症患者に時間外料金を自己負担として請求する病院も現れた。「救急医の能力は高いが、システムが十分機能していない」。海外からはこう指摘される。例えば先進各国に比べ幼児（一～四歳）死亡率が高い小児救急。厚生労働省研究班が〇五、〇六年の記録を分析したところ小児科医が各科の応援を受け救命する態勢が整っていないと死亡例が多い」ことが判明……。

このような記事は努めて収集して参考にすると、いろいろな施策・政策を考える一助にすることができます。

政策〔施策〕に関する文章の研究

政策〔施策〕について書かれた文章を引用することにします。

文章の研究①

農業政策転換のラストチャンス（日経「大機、小機」（2008/08/08））

原油高が衰退著しい日本の農業を存亡の危機に追込んでいる。だが激変しているのは原油情勢だけではない。この一〜二年で日本の農業を取り巻く環境は様変わりした。

世界の穀物需給の逼迫（ひっぱく）と価格上昇に加え、食糧輸出国の輸出規制の動きが食糧供給を不安定にさせている。代替エネルギーをめぐり、人と車の穀物争奪も起きている。こうした情勢変化を反映したのか、世界貿易機関（WTO）の交渉は土壇場で決裂した。他方で、安全かつ、質の良い日本の農産物への需要が高まるとともに、海外で日本食ブームも起きている。

世界的な食糧争奪戦が日本の食糧自給率の低下に警鐘を鳴らす一方で、農産物の内外価格差の縮小や日本の農産物に対する需要の増加は、これまで防戦一辺倒であった日本の農業にとって新たなチャンスとなる。この追い風を生かして潜在力を引き出すことができれば、日本の農業は危機を跳ね返し、衰退にある傾向を逆転させることができる。そのためには、長期的な視野に立って農業政策を大転換すべきであり、まず政策目標を明確にする必要がある。

第一は、コメ作りに代表される水田工作の基盤を強化し、食糧の過度の海外依存を改めることである。第二は、農産物の内外価格差を縮小させることで、高い農産物を買わされてきた消費者の負担を軽減することである。第三には、生産者の所得改善を進めて農家経営を安定させ、再生産の基盤を強化するとともに、後継者を育成することである。

こうした政策目標に沿って農地改革や農協改革などを実行し、農業への参入を促進し、生産基盤を強化する。またコメなどの生産調整をやめることで価格を下げ、需要を喚起できる。一方で生産者への直接支払いを通じて農家経営を安定させる。そのためには農業土木に偏重した農業補助金の見直しが不可欠である。

農業政策の転換の手始めに、まずは資源価格の高騰への対策として景気対策を兼ねて省エネ・省資源型農業への取り組み強化を打ち出すべきである。省エネだけではなく地産地消を進め、フード・マイレージの削減に取組むとともに、有機農業を広め、バイオマス・エネルギーを活用した循環型地域社会の構築を通じて地域経済の活性化させていくことも必要である。今こそ農業政策転換の好機である。この機を逃がせば日本の農業に明日はない。（追分）

文章全体を何回か読んでみて下さい。文章の導入部分は、最初の三行で、四行目から（**世界の穀物需給の逼迫《ひっぱく》と価格上昇に加え、……**）が、**本論**になると思います。本論には、解決すべき点を第一、第二、第三で説明しています。**「まとめ」**の部分は、「**農業政策の転換の手始めに、……**」から終わりにかけての六行だと思います。

いろいろな文章に出会ったら、文章全体の、「**導入・本論・まとめ**」、の構成に着目し、研究してみることです。要点をしぼり簡潔明瞭な答案を書くことは、採点者によい印象を与えます。

農業政策に限らず、消防の施策（政策）について述べる場合も同じです。文章構成、文章の展開について研究するようにします。

文章の研究②

災害の構造変化に備えよ…（日経 2008・9・1）

①一九二三年の九月一日に起きた関東大震災の被害者を悼み、立春から数えて二百十日の九月一日ごろに日本列島を度々襲う台風への警戒を確認する。自然災害への覚悟と備えを共有すべく、四十八年前に九月一日が防災の日と定められた。しかし今、日本社会における自然災害のリスクと被災の構造は大きく変化している。

②二百十日を目前にした先週末、各地に大きな水の害をもたらしたのは台風ではない。ゲリラ豪雨とも呼

ばれる、場所と時間を特定しにくい集中豪雨である。梅雨明け直前の西南日本に毎年、バケツをひっくり返したような豪雨をもたらすのが寒気の縁にある前線に南方の熱い湿った大気が舌のようにぬるりと大量に流れ込む現象である。それとよく似た状況が、近ごろは季節違いの夏の終わりに列島全域を覆い、大雨を降らす。都市化した人口密集地域に出没する。短時間に大量の雨が降り、地下にしみこまずに下水と川に集中すると、河川は増水しあふれる。地下にバックアップ用の巨大な水路を設ける試みも、一時間当たり百ミリを超すような豪雨を抑え込むのは難しい。雨水を地下に浸透させる透水性舗装や、公園や校庭を遊水池として利用する案もある。ダムや巨大水路など力ずくの策のほか、柔軟な発想で水を逃がし、なだめる策なしに、ゲリラ豪雨や地球温暖化で巨大化する台風にはとても対応しきれない。

　関東大震災では死者の多くが、巨大化した火災による炎の渦に巻き込まれた。一方、阪神大震災では、犠牲者の八割以上が、建物内での圧死である。皮肉なことに、台風に備えた重い屋根がその一因だともいわれる。中国の四川大地震でも、倒壊した建造物が多くの人命を奪った。

　六月の岩手・宮城内陸地震、七月の岩手県北部での地震、ともに建物倒壊が少ないのは、地震動の周期に加えて、積雪に備えた家の屋根の軽いことも一因とされる。建物が凶器にかわらないよう、耐震強度を上げるのが地震防災の基本である。時間と場所と規模を特定する直前予知は困難な以上、学校、病院、住宅の耐震化が急務だ。

③そのための制度拡充は、バラマキよりずっと効果的な景気刺激策である。

文章の①「導入」、②「本論」、③「まとめ」筆者が①②③の赤字を付しました。

①文章の導入部分は、「日本社会における自然災害のリスクと被災の構造は大きく変化している」。といった問題提起で始まっています。

問題は②からが本論です。ここでは、前半は、集中豪雨、巨大化する台風にどう対処するか、対策としていくつかの方策を述べていますが、対策には難しさがあるのか、決め手になるものは示されていません。後半は、地震対策の問題です。関東大震災では、死者の多くは火災による犠牲者であったが、阪神・淡路大震災、中国の四川大地震では、建物の倒壊で多くの犠牲者が出た、岩手・宮城内陸地震、岩手県北部での地震で、建物倒壊が少なかったのは、地震動の周期に加えて、積雪に備えた家の屋根が軽かったからである。建物が凶器にならないよう、耐震強度を上げることが必要で学校、病院、住宅の耐震化が急務だ。と述べています。

③結論として、予算をただバラマクよりは、耐震性強化が何よりも重要で、景気対策を考えるうえで効果がある、と締めくくっています。

政策・施策に関する問題は、決められたルールのなかでものごとを判断するようでは、新たな発想は生まれません。柔軟な発想が重要です。日ごろから仕事を通じて、非合理的なこと、理屈にあわないこと、改善すべき内容を考えることです。既定のわくにはまらないものの見方、考え方が必要です。

第四講のまとめ

○「幹部とは何か、あるべき姿について」考えること。

○「先人の教えを学ぶ」ことの重要性を理解すること。

○倫理、道徳に関する本を読み、自らの守るべき信条、実践規範を持つようにすること。

○知識の向上を図るため具体的に手法を考え実践すること。

○ノートを用意し管理、監督、事例、用語の意味等について整理し、重要事項を暗記すること。

○施策、政策とは何か、問題意識を持つように努力すること。

○少しでも多くの本を読むこと。

○読書の仕方を工夫する。多読すべき本と精読すべき本とに分けて読むこと。

第五講

よい文章を書くための戦略

◆よい小論文の要件とは
◆よい小論文には問題意識がある
◆思考力を高めるには
◆自分の考えが述べてある
◆文章には、リズムと表現力が必要だ
◆前向き思考で、建設的な意見を述べるには
◆文章の「導入」、「本文」、「締めくくり」をしっかりさせるには
◆文節は短いほうが読みやすい

よい小論文の要件とは

よい小論文とは……、

- ○　何がいいたいのか論旨が明確か
- ○　文章が簡潔で明瞭か
- ○　自らの考え、信念、確信がしっかりしているか
- ○　説得力のある文章か
- ○　句読点がしっかりしているか

内村鑑三は、次のように述べています。

「私は、文天祥がどう書いたか、白楽天がどう書いたかと思っていろいろ調べて、しかる後に書いた文よ

りも、自分が心のありのままに、仮名の間違いがあろうが、文法に合うまいが、かまわないで書いた文の方が、私が見ても一番良い文章であって、外の人が評してもまた一番良い文章であるといいます。

（後世への最大遺物、内村鑑三、岩波文庫）

この文章で注目すべき点は「……自分が心のありのままに、仮名の間違いがあろうが、文法に合うまいが、かまわないで書いた文の方が私が見ても一番良い文章であって……」の部分です。

小論文においても「心のありのまま」、「自らの考え」をしっかりと述べてあるのがよい小論文で、自分の考えのない借り物の文章では説得力がありません。

良い文章は読みながら思わず引き込まれてしまいます。「それからどうした」、「それで問題をどう解決するのか」といった具合に、文章をダラダラと書かずに、リズムのある文章展開が必要です。内村鑑三が述べているように、多少、文法上の誤りがあっても自分の心のありのままを書いたものが良い文章だと私も思います。

フランスの作家・評論家アンドレ・モロア（一八八五～一九六七）は、「現代を考える」（二見書房）という著書のなかで、文章の書き方について次のように述べています。

○　教養があること……現代文学に通じる必要はないが、偉大な古典作家を知り、古典に造詣が深いと引用するのに事欠かない

○文章は感情で書くのではない、言葉で書くことを理解する必要がある。言葉を少しでも多く知ると共に、言葉の持つ意味を深く理解する

○努めて辞書に慣れ親しめ、意味の分からない言葉に出会ったら言葉の持つ意味を徹底して調べる、

○自分の文体を作ろうとするな、豊富な語彙と幅広い思想を身につければ、文体はひとりでに生まれてくる

○抽象的な言葉を使うより、個々の物体、人間を表示する具体的な言葉を選ぶ

○なにが問題なのか自らに問うこと、その問題を平易で分かりやすい形に整理しておく必要がある

○素朴な文章、引き締まった簡明な表現、文章と思想との完璧なつり合い、濃密に凝縮された簡潔さが重要だ、これ以外のことは考えるな

（「現代を考える」（アンドレ・モロア　二見書房）

アンドレ・モロアは、「自分の文体を作ろうとするな」と述べています。立花　隆は「自分の文体を作れ」といいます。どちらが正しいのか戸惑いますが、アンドレ・モロアの言う意味は、無理をして自分の文体を作るな、という意味ではないかと思います。

数多くの本を読み、考え、文章を書く訓練を重ねると自然に自分流の文体ができてきます。

次に文章作成で重要な句読点について触れておきます。

作家、本多　勝一は「日本語の作法技術」の中で……、

「符号の中で作文上、とくに重要なのは、マルとテンであろう。しかしマルについては、用法に困難な問

題が少ない。要するに文が終わったら必ずマルをつけること。それだけである。ところがそれだけのことが案外実行されていない。句読点は字と同じか、それ以上に重要ということがよく認識されていないのではあろう。」と述べています。

句読点の付け方で意味が変わる場合がありますが、小論文のような作文では、ほとんど気にする必要はないと思います。テンをつけるにしても読みにくければ、必要に応じてテンをつければよいと私は理解しています。

＊　句読点とは（（「、括弧、句点、読点（一つの文の内部で、語句の断続を明らかにするために、切れ目に施す点（,）、まる（。）をいう））

よい小論文には問題意識がある

「問題意識のある人か、ない人かは、数分話せば分かる」といいます。小論文も同じです。答案を最後まで読まなくても最初の数行を読めば問題意識のある答案か、ない答案かが判断できます。このことは多くの答案を採点してきた経験からいえます。

「問題意識」とは「事態、事象について問題の核心を見抜く、積極的に考え方を追求すること」を意味します。どのような問題が出題されても問題の核心を見抜くことが重要です。

出題された論題を読んだなら出題者は何故、このような問題を出したのか？　出題者の意図を直感的に感じとることです。限られた時間内ですから数分程度で考えなくてはなりません。受験生に何を求めているのか、問題の核心を見抜き、答案を作成しないと、よい答案を書くことは難しいと思います。

問題意識を高めるには、平素における訓練が必要です。何でもイエスマンで、人のいうなりになる人は、ものごとに対し深い関心や疑問を持たない傾向があり、問題意識も低いように思われます。

慣習的に行われてきたことでも、何故そうでなければならないのか？　世の中の移り変り、社会の常識に当てはめて問題はないか、従来の方式や考え方で通用することに問題はないか、常に疑問を持ち、あるべき姿を思考することが重要です。仕事の能率化、コストの削減、職場の士気高揚等、関心を持てば検討すべき課題はいくらでも出てきます。

政治、経済、行政の構造改革、公務員制度改革、道州制・行政の広域化、少子高齢化問題、災害対策、医療・救急問題等、直接、仕事に関係がなくても疑問視し、あるべき姿を思考する訓練が必要です。

今、日本の社会は有史以来の大きな転換期を迎えています。消防とは直接、関わりがないようにみえても間接的にはいろいろな関わりがある場合が少なくないのです。

職場管理、行政需要の増大への対処の仕方、財政との関係、市民の行政へのニーズ等、消防行政に結びつけて考えることは、問題意識を高めるうえで重要です。

仕事の手順が非能率であれば、どう改善したらよいか、不祥事の多い職場では、何が原因で不祥事が起こるのか、どうすれば改善できるのか、社会的現象、他の職域の実情等を対比し対策を考えることです、常に前向き思考で、あるべき姿に向かって自らの考えを持つべきです。

人の話しは、ただ聴いてそのまま鵜呑みにしないで、話しの内容に理不尽はないか、自分だったらどう判断するか、について考えるようにします。新聞、テレビ、本、雑誌等の記事を読み、是々非々を考える習慣をつけることです。

思考力を高めるには

思考力とは、「思い巡らすこと、考え、広義には、人間の知的作用の総称、狭義では「感性や意欲の作用と区別して、概念、判断、推理の作用をいう」（広辞苑）と説明しています。一言でいえば、思考力とは「知的作用・考える力」をいいます。

現代社会は、映像文化の時代と言われるように、多くの人々は携帯電話、テレビ、漫画、イラスト、パソコン、DVD等に慣れ親しんでいます。このため「読書力、読解力等が低下している」と言われています。スイッチ人間、映像に親しむ人は、ものごとを深く考えようとはしません。真実を知るために、あれこれ調べたりする面倒なことはしたがらない、深く考えようとはしない傾向がみられます。このため、文章を書くと薄っぺらな表現になりやすいのです。単に言葉を並べた文章では、相手（採点者）の心を揺さぶることはできません。

平素から「考える習慣を持つこと」が大事です。職場で「当たり前のことを、当たり前にやれ！」と、言われるまま仕事をするようでは、思考力を高めることは難しいと思います。なにか分からないことがあれば、自ら苦労して調べることです。分からなければ人に聞けばよい、といった若者が増えていると聞きます。自ら努力をしないで、安易に人の考えや文章に依存するようでは、考える力は生まれてきません。

ものごとを考えるには、ただ考えるのではなく、筋の通った考え方が必要です。筋の通った考え方ができる人のことをロジカル・シンカー（a logical　thinker）といいます。小論文では、筋の通った考え方が必要です。

筋の通った考え方とは、論理的な考え方を意味します。出題に答えるには、どのように答えればよいか、論理的な展開がないと注目される答案にはなりません。

数学者、藤原正彦さんは、「日本人の堅持」という著書で、「論理的思考を養うには数学ではダメで、自らの主張を書いたり、話したりするのがいちばんです」と述べています。「みずから考える」、「考えをまとめる」、「書いてみる」ことがとても大事です。

ある消防学校の事例研究で次のような問題が提起されました。

「今の若い消防士は、若いもの同士で話しをしている、監督者のところに近づきたがらない、どうすればよいか」。

このような事例を提案する前に、提案者は、次の点について考えたのだろうか？　ふと、疑問を感じることがあります。

① 上司である監督者としてのあり方
② なぜ若い消防士は、進んで上司に近づこうとしないのか
③ 自分が若い消防士であった頃、進んで上司に近づいたであろうか
④ 監督者は上司だから部下から先に近づいてくるのが当然だと決めつけていないか

若者の行為行動に着目するのではなく、監督者が自ら若い消防士に積極的にコミュニケーションを図る努力が必要で、「こっちに来て話しをしないか」、と気安く声をかけることが重要だと私は思います。

* 若い世代の消防士と監督者との人間関係はいかにあるべきか
* 若い消防士が、年配の監督者に近づきたがらないのは何故か
* 年配の監督者は、若い消防士が近づいてくるべきだと考えるのは正しいか

「今の若い者は」といった考えは捨てて積極的に声をかけ、階級という垣根を越えて、互いに気安く話しができる職場づくりが必要です。職場のこと、仕事のこと、人生の悩みごと等、上司と部下とが率直に語り

あうことで、互いに理解しあうことができるのです。

自分の考えが述べてある

これまで繰り返し述べてきたことですが、自分の考えを述べていない答案は評価されません。どこかの例文を暗記し、あたかも自分の文章であるかの如く書いてみても合格するような得点は得られません。

断片的に他の人の書いた文章を暗記して記述してみても、論理が一貫しないので簡単に見破られてしまいます。借り物の文章は、つぎはぎだらけで、ギクシャクとしたリズムのない文章になります。文章の上手、下手の問題ではありません。自ら考え、自らの力で書いた文章でなければならないのです。小論文の事例集を暗記する人がいますが、極めてナンセンスなことです。すべて人の真似をすることが悪いと言っているのではありません。

著名人の格言的な言葉を憶えて引用することは、文章を引き立たせるうえで効果があります。先に行って説明しますが、本を読んで印象に残る言葉や文章を整理し、記憶に留め、自分の考えとマッチさせると一層、説得力が増します。

文章には、リズムと表現力が必要だ

素晴らしい音楽には、聴く人の感性に訴える激しさ、心地よさ、悲しさ、情熱等のリズムがあります。文章も音楽と同じで、読み手、聞き手の感性に訴えるリズムがなければ良い文章とはいえないのです。何度も読み返さないと理解できない文章は、リズムのある文章とはいえません。読む方が疲れてしまうからです。

では、どうすればリズムのある文章が書けるのでしょうか、自ら作成した文章を声をだして読んでみることです。具体的な方法については既に述べましたが、重要なことなので、あえて繰り返します。

書いた文章は一回、二回ではなく、何回も繰り返し読むのです。読み返す、必ずどこかにギクシャクとした言いにくい部分があるはずです。それを徹底的に追及し簡潔明瞭に修正していくのです。前後にダブリがないか、くどくどとした説明をしていないか、徹底的にチェックをするのです。努力をすることで、誰でもリズムのある簡潔な文章が書けるようになるのです。

答案は学術論文ではないので、努めて平易で分かりやすい文章を書くように努めることです。

前向き思考で、建設的な意見を述べるには

人の性格はさまざまで、前向き思考の人もいれば、いつまでも過去の出来事に囚われてクヨクヨし、悲観的にものごとをみる人がいます。前向き思考の人は、困難に遭遇し、失敗してもクヨクヨすることなく新たな希望をもって挑戦する情熱と信念があります。

意見を述べるにしても単なる批判しかできない人もいれば、建設的な意見を述べる人もいます。重要なことは幹部になれば悲観的にものごとをみたり批判するのではなく、前向き思考で意見を述べる必要があります。

前向き思考の人は文章を書くと建設的な意見を述べます。
失敗してもクヨクヨしない、今度こそ、うまくやってみせる、といったチャレンジ精神が必要で、このような日常の習慣が答案に反映します。保守的で消極的、内向き思考では、建設的な意見を述べることは難しいのです。

では、前向き思考の考え（建設的意見）を持つには、どうすればよいのでしょうか？　私は実務教育の場で「幹部は強いリーダーシップ、創造性、建設的な意見を持て」と、ことあるごとに力説してきました。是非、このことを実践してみて下さい。

文章の「導入」、「本文」、「締めくくり」をしっかりさせるには

私はこれまで本を書いてきましたが、いつでも苦労するのは最初の文章の導入部分です。作家もまた最初の文章の導入で苦労するようです。「悲しみよ　今日は」で有名な作家、F・サガンは、書き始めの文章で何十回も書き直したと自ら述べています。小論文は限られた時間内でまとめるので、作家のように

時間をかけて何度も書き直すわけにはいきません。では、苦労せずに書き始めるにはどうすればよいのでしょうか。

本多勝一は「日本の作文技術」の中で次のように述べています。

「なんでもないようなフリをして、なんでもないフリをしている、ということさえ気付かれないようにしてスイと読み進むことができるような書き出し。しかも実際には強力に引きずりこむ魔手を秘めた書き出し。そんな書き出しが理想だと思う。なかなかむずかしいことだけど」（本多勝一、「日本語の作文技術」P.237）

「文章の書き始めについて」、参考になる本がないか調べてみましたが、見当たりませんでした。本多勝一の「……気付かれないようにしてスイと読み進むことができるような書き出し……」がもっとも適切で分かりやすい表現だ、と述べていますが私も同感です。

小論文は小説、エッセーではないので、単なる作文と考えればよいのです。出題を気楽に受け止め、さりげなく書き始めることです。書き始めにルールはないのです。本論に入る前の道案内（ガイドライン）と考えればよいのです。最初の文章にこだわり時間を費やすと大事な本論が疎かになるからです。

文節は短いほうが読みやすい

文節とは、「文を意味の上からも話す上からも、不自然にならない範囲で最も短く区切ったものをいいます」。

「私は消防署に行く」は、「私は」、「消防署に」、「行く」の三文節からなります。エッセーや小説では文節の短いもの、長いものがありますが、小論文は、文節を短くした方が、読み手に（採点者）に伝わりやすいので、短く簡潔な文章を書くように心がけることがよいと思います。

第五講のまとめ

○よい小論文の要件は、出題に対し、的確に述べること。
○論旨が一貫しており問題意識があること。
○簡潔にして明瞭な文章であること。
○自ら主張すべき内容が明確で信念があること。
○説得力のある文章であること。

第六講

知識、情報の整理と戦略

◆独自の情報管理を持て

◆ホルダーによる分類

◆ホルダーの活用法

◆ノートによる整理と活用

◆電子辞書の活用

◆パソコン・情報機器等の活用

独自の情報管理を持て

自分流の情報管理システムを創るには、パソコン、ノート、スクラップブック等の活用が考えられます、なかでもパソコン、インターネットの活用は、能率的で効果的です。

幹部になってもパソコン、インターネットを使わない人がいますが、実にもったいない話しです。インターネットやパソコンを活用する人は、持てる情報量に格段の差があります。

ある消防学校の事例研究（初級幹部）で、「私の上司はパソコンができない。あれ頼む、これ頼むで、困っている。自分の仕事が進まない、どうしたらよいか」といった問題が出されたことがありました。

幹部が口先だけで事務の合理化、効率化と強調してみても、自らやるべき仕事を部下に「これ頼む！」では説得力がありません。パソコンを有効に使えば、小論文対策だけではなく、情報の収集、整理、保管、原稿・資料の作成、情報の伝達、知識・情報の検索等で大いに役立ちます。

私はパソコンの「マイドキュメント」に、組織、経営、人事、安全管理、教育、情報政策、地震対策、危機管理、行政管理、用語集等に分類・保存しています。インターネットを活用すれば貴重な情報が沢山得られます。小論文対策も同様にインターネットやパソコンを活用し、知識の分類整理を行うと利点も多いと思います。

ホルダーによる分類

最近、文房具店ではスクラップ・ブックを見かけることが少なくなりました、代わりにホルダーが一気に増えました。

私は大きな災害や事故が起こるたびに、新聞、雑誌等を切り抜き、ホルダーに収録しています。ホルダーは次のように分類し、整理しています。

①人生の生き方、倫理・道徳

新聞等では、「私の履歴書」（日経）や高齢者でその道の第一人者といわれる方の人生観が掲載されます。例えば、三浦敬三（スキーヤーで山岳写真家）、三浦雄一郎（冒険家）、ピーター・ドラッカー（経営学

者）、新藤兼人（映画監督）、日野原重明（医師）、伊藤信吉（詩人）、梅原　猛（哲学者）、津田清子（俳人）、三神美和（女医）、榊　漠山（書家）等の方々です。

ここには、社会で秀でた仕事をしてきた経験談、人生訓、人生の努力目標、人間関係のあり方、ものの見方、考え方が述べてあり、貴重で見習うべきノウハウが沢山あります。

私のスクラップ・ブックの背表紙には、『先人に学ぶ』と記し、スクラップしたものを、時折、読んでは心の糧にしています。

② 危機的な災害、消防・防災

阪神・淡路大震災、茨城県東海村の臨界事故、新潟県中越地震、能登半島地震、新潟県中越沖地震、中国の四川大地震、その他、津波、台風、工場災害等に関する情報、各社の社説、有識者の記事等を収録します。

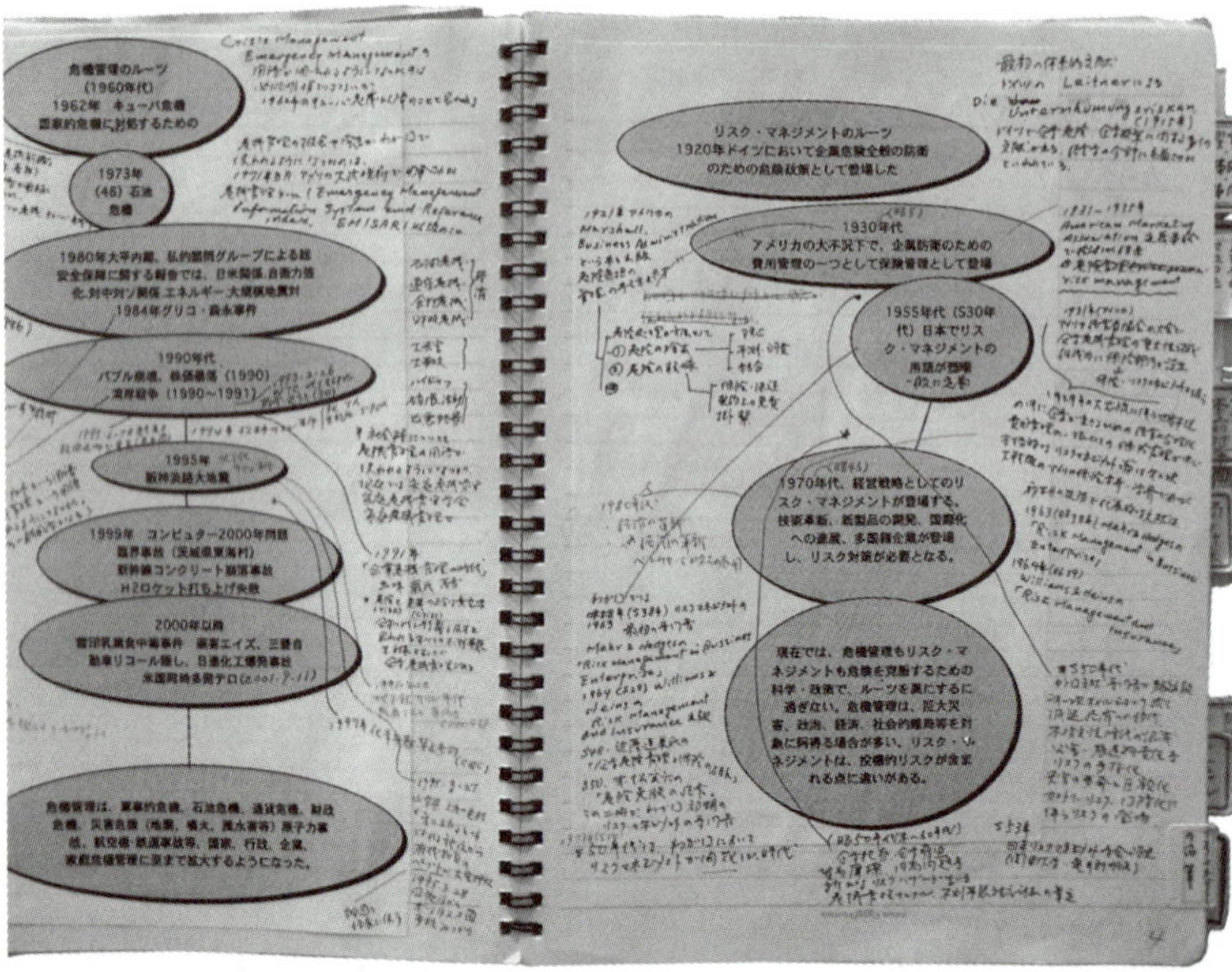

③ 経済金融・社会の動向

④ 行政改革、公務員改革に関する記事等

⑤ 危機管理、リスクマネジメント

このような整理法は、小論文を書く上では直接、必要とはしませんが、私があえてこのような分類整理を行っているのは、いろいろな分野で活躍している有識者の考えや人生のノウハウを学ぶ上で勉強になるからです。幹部になれば多面的な情報が分類整理され、知識や情報が必要になるからです。

署長になって訓示を部下に書かせる幹部がいますが、私は、訓示、講演会、挨拶文、原稿の作成は、自らの考えで書くことを心掛けました。

小論文試験についても同じことで、大所、高所に立ったものの見方、考え方が必要です。幹部になれば、消防・防災について意見を求められるので、日ごろから情報を適切に整理し活用することが大事です。

ホルダーの活用法

危機的な災害が起こったならば、時系列に情報を整理しておくと大変、便利です。例えば大地震が起これば、発生の日から時系列的に毎日、新聞を見ながら切り抜き整理します。時系列的にどのようなことが起こり、有識者は、どのような点に着目して論じているか、すぐに分かります。

原稿を依頼されると、次のような方法でホルダーを活用します。

次の文章は、四川大地震後、学会からの原稿依頼で作成したものの一部です。手本になるような文章ではありませんが、ホルダーに収録した情報やインターネットなどを活用すると迅速にまとめることができます。このようなホルダーによる整理法は、小論文には直接、参考にはならないと思いますが、ホルダーで情報を整理しておくと、頭の中に情報がインプットされスピーチ、原稿、講話、小論文等で役に立ちます。

四川大地震に思う

専門家の調査によれば、四川大地震はM7.8で、断層の動きは兵庫県南部地震（M7.3）の約六倍というから、確かに巨大地震であった。国内で起こった大地震との対比、内陸型の岩手・宮城内陸地震との類似点等、災害の規模、損害、地域特性等の違いがあるにせよ、日本に与えた影響は大きい。被災地を見ていない筆者には多くを語る資格はないが、知りえた情報を通じて感じたままに述べてみたい。

1　耐震性強化と人命の安全

四川大地震の最大の悲劇は、家屋、建物の倒壊による多数の圧死者がでたことであった。特に校舎倒壊による学童の圧死は、衝撃的なニュースとなり大きな世論となって政府（中国）の責任を追及した。これを回避しようとした政府は「不良業者の責任を問い、厳罰に処す」といった政治問題に発展した。家屋、病院、公共施設、核施設にも大きな被害が出たが、耐震性のない脆弱な建物構造にあったことは、あえて多言を要しない。

四川大地震の情報に接するや日本政府、自治体、企業は、矢継ぎ早に耐震性強化策を打ち出した。文部科学省は、①学校施設の耐震化を進めるため、地震防災対策特別措置法の改正について検討に入った、②国交省は空港滑走路に耐震基準を設ける方針を決めた、③東京都は都立高校・都立病院を二〇一〇年までにすべて耐震化する、④東電は柏崎刈羽原発に耐震費用、七〇〇億円を超える見通し、といったマスコミ報道が相次いだ。

マスコミは「日本への警鐘」と書きたてたが、果たしてわが国への警鐘といえるのであろうか、筆者は戸惑いを感じた。兵庫県南部地震（M7.3）では、死者の約八割は家屋の倒壊による圧死であった。その後に続く中越地震、能登半島地震、中越沖地震でも耐震性のない建物・家屋が倒壊し犠牲者が出た。

四川大地震後、文部科学省は、国内の公立小・中学校で震度六強の大地震で倒壊する危険性が「高い」とされる施設が全国に一万六六五〇棟あることが判明、危険性が「ある」とされる施設や耐震診断を実施していないものも含めると、全体の三七・七％、約四万八千棟が危険であると耐震改修状況調査結果を発表した。同省は、今後三年間でこの一万棟の耐震化を集中的に進める方針だ、という（日経6/21）。耐震性のある病院は約五割、防災施設で約四割に過ぎないお粗末な現状にある。

兵庫県南部地震から十三年が経過したが耐震化は遅々として進まない。道路財源問題等で現を抜かし、大地震に備えた人命の安全に係る重要課題について、ほとんど議論されてこなかった政治、行政の貧困と言わざるを得ない。

四川大地震の情報を受けて次々と打ち出した耐震強化策は、「……法改正の検討」、「……方針を決めた」、「……見通し」といった曖昧な言葉が目につく。ここにはシビアな目標管理、責任性は見当たらず、検討、方針等、「問題の先送り」、「行政責任の曖昧さ」を痛感する。四川大地震の教訓は「喉元過ぎれば」ではないが、時の流れのなかで再び風化するのではないか、と懸念せざるを得ない。対症療法的な危機管理から事前対策、目標管理に基づく責任のある危機管理に向けて一日も早く転換する必要がある。

2　危機管理体制に思うこと

四川大地震では、即日、温家宝首相は現地入りし、災害対策本部を設置して陣頭指揮にあたった。胡錦濤国家主席は、政治局会議で「地震との戦いは最初の段階で重大な成果を上げた」と述べている（日経6/2）。だが、果たして「最初の段階で重大な成果を上げた」といえるのであろうか。危機に際し、国家が上意下達の基にすべてを統括し情報を統制している。中国は、国、省、市、県からなるが、四川大地震では住民から「中央に比べ地方政府の動きが遅い」といった批判が相次いだという。被災地である四川省、県、市の首長や危機管理にあたる責任者が陣頭指揮にあたる姿はほとんど報道されなかった。もっぱら温家宝首相、人民解放軍の活動が中心で、当初はマスコミによる取材（後に解除）や支援受け入れを拒否し、一党独裁国家、上意下達の体制を強く感じさせられた。

「地方自治体にものを言わせない」という点では、わが国の危機管理体制も似ている。勿論、わが国は、中国のような一党独裁国家ではないので情報統制が行われているわけではない。組織制度、風土の違いがあるにせよ、国が主導権を握り采配をふる省庁縦割りの中央集権主義は似ているように思う。

岩手・宮城内陸地震では、土砂が川をせき止め、「土砂ダム」の危険が高まった。だが、河川管理は国土交通省の所管で、県（知事）は国に土砂の排除を要請した。中越沖地震では、刈羽原発施設の被害情報が開示されず地元市民の不安を高めた。このため知事は自ら国に出向いて被害情報を開示するよう求め、その結果、情報が知らされるようになった。

省庁縦割りの危機管理から横断的な一元的な国の危機管理が必要だ。国が行う危機管理（戦争、テロ、疫病等）、地方政府が行うべき危機管理を明確にする必要がある。事前対策に基づく迅速な対応、責任と権限を明確にした体制づくりが目下の急務であり、身近な地方政府が迅速に活動できる体制を創ることが減災への第一歩である。

（日本リスク・プロフェッショナル学会会報、実践危機管理第19号、「四川大地震に思う」高見尚武、より一部引用）

特に、司令長、司令試験の小論文では、問題意識を高めるうえで、有識者の論説、新聞、社説に注目する必要があります。マスコミは何に注目しているか、何を論じているか、収録し研究することが大事です。

ノートによる整理と活用

あなたは、小論文対策の一環としてノートを活用していますか？　いろいろな本や新聞、雑誌を読み、人の話しを聴くだけでは、体系的に知識を整理することはできません。幅広く掘り下げて理解するにはノートを活用する方法があります。

ノートに記入するのは面倒だと思ってはいけません。書くことによって、より深く印象づけることができ

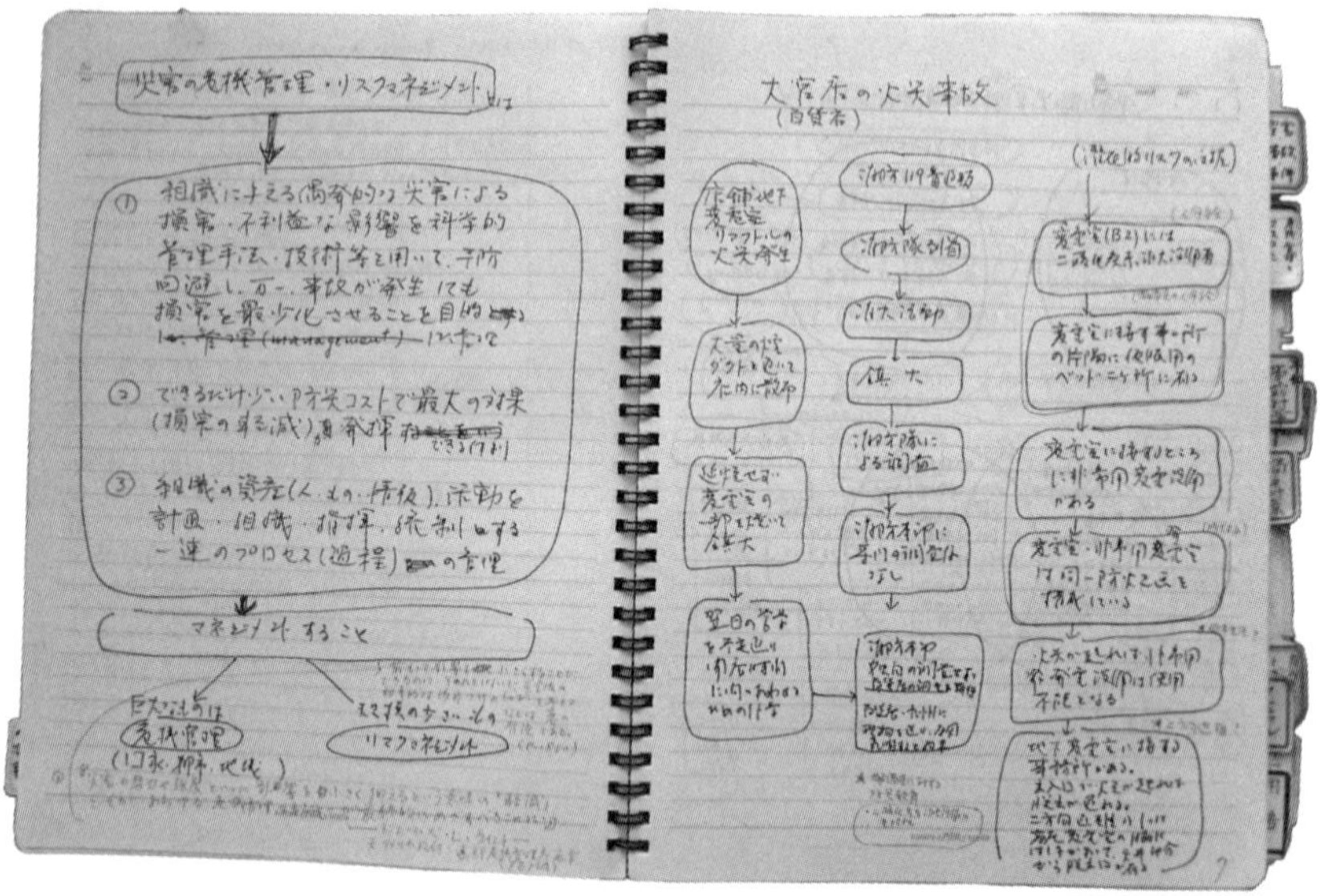

るからです。ノートに記載した内容は、何回も繰り返し読むようにします。

勿論、重要なところは暗記するようにします。何度も繰り返すことで頭の中に染みつくようになり、知らず知らずのうちに記憶され、思わぬときに大きな力となって発揮されます。いきなり暗記しようとしてみても簡単に暗記できるものではありません。何度もノートを読み返し自然に脳に沁み込ませるようにするのです。

ノートは、厚めのノートを使います。分類整理を行ううえで便利だからです。

付箋に数十枚余白をとりながら、「部下指導」、「組織」、「管理」、「職場の士気」、「リーダーシップ」、「人間関係」等、項目別に見出しの付箋をつけます。このように、あらかじめノートに分類しておくと便利です。

作家は創作活動を行ううえでノートを活用しています。現地に出かけて取材した記録、古文書等、調べた結果を記録するなど、かなり細かなメモをとります。小論文試験は作家を目指す試験ではないので、細かい整理は必要でないにしても、最初に話したスポーツ選手の話しではありませんが、ノートを活用することの意味は大きいのです。

ノートに記す要領は、最初から整然と書かなくていいのです。思い付くままにメモすることから始めるのです。ノートを活用することで情報量が増していきます。小論文試験で頭の中の知識の整理箱からテーマに応じて知識を引き出すようにするのです。

ノート整理が雑然となれば、ノートを再整理し、必要に応じて体系的にパソコンにインプットし、図形形式で体系的に整理することが可能です。何事も創意工夫をしてみることです。

私は、標準のノート（19×26）の他に小型ノート（10×15程度）を使用します。小型のノートは携帯に便利で必要に応じてメモをとります。

電子辞書の活用

最近、電子辞書の性能が抜群によくなりました。私の電子辞書には広辞苑、全訳古語辞典、故事、漢字辞典、ケンブリッジ英英辞典、英和辞典、百科事典等がインプットされてるので最大限に活用します。

例えば広辞苑で、「組織」、「人間関係」、「管理」といった用語の持つ意味を引きます。さらに英和辞典でマネジメントを引き、更に、百科事典で調べます。すると、そこからいろいろな情報が引き出せます。辞書を引くことは面倒だと思わないで、大いに活用すべきです。

個々の言葉の持つ意味を理解し、現実の問題と結びつけることで、考え方に厚みが増してきます。決して面倒がらずに、知識が増えることは楽しいことだと考え実践することです。

パソコン・情報機器等の活用

私は、「携帯用ラジオ付きICレコーダー」、ウォークマンに代表される「ポータブル・CD（MD）プレーヤー」、また、iPodなど音声データ（MP3）や画像データが再生できる「デジタル・メディア・プレーヤー」を活用しています。これは、大変、便利な携帯ツールです。携帯用ラジオ付きICレコーダーは、ラジオで放送される人間関係、人間の道、心の悩み等、参考になる番組を収録し聴くことができます。散歩や通勤、旅行等、どこでも手軽に聞くには、「デジタル・メディア・プレーヤー」が便利です。最近は本や雑誌に付いているCDを「ポータブル・CD（MD）プレーヤー」を通じて「デジタル・メディア・プレーヤー」に転送しています。「携帯用ラジオ付きICレコーダー」で収録したものも転送することもできます。

組織管理、人事管理、部下指導、リーダーシップ、仕事の管理等、小論文試験に関係する問題やノートから情報機器に入力し整理します、通勤途上、職場での仮眠、休憩時等で活用すれば、一層、学習の場が広がります。「時間がないから何もできない」は、単なる言い訳に過ぎないのです。

第六講のまとめ

○知識、情報を合理的、能率的に整理する。

○知識、情報を使いやすい方法で、自分流のデーターベースを作る。

○ホルダー、パソコン等を活用して情報を管理する。

○ノートを使って知識・情報を整理する。

○電子辞書、OA機器を最大限に活用する。

第七講

文章と人格

◆文は人なり

◆正しく手紙を書く習慣、自筆の習慣

◆倫理・道徳観が文章に反映する

文は人なり

「文は人なり」は昔から言われてきました。なぜ「文は人なり」なのでしょうか?

俳人で著名な加藤楸邨は、次のように述べています。

花を詠むというのは、花の中に自分という人間を発見することなのです。音楽は音楽の中に自己を発見することであり、絵画は色彩の中に自己を発見することです。文学はことばを通して物の中に自己を発見することですから、言葉は生きていなければならず、その意味で「文は人である」ということは真実なのです。

（加藤楸邨、「俳句表現の道」P.15〜16、創芸社）

加藤楸邨が言う「文は人なり」の説明は、含蓄のある言葉です。「俳諧の世界、絵画の世界、音楽の世界においても自分を発見することにある」と述べています。小論文を書くにしても、忘れてならないことは、自分という人間が文章の中に生きているということは、大変、重要なことです。

書家、榊　莫山は、

『書の世界でも「書には、人があらわれる。俗物は俗っぽい書をかき、気のきいたやつは、気のきいた書

を書く」といったのは室生犀星であった。』（P.172、「書のこころ」榊莫山）
と述べています。その人の人格は、文章、俳句、書道などの世界においても同じことがいえるのです。

正しく手紙を書く習慣、自筆の習慣

日常の手紙、はがきのやりとりは、文章力を高めるための重要な訓練の一つです。年賀状、季節の挨拶、礼状等、最近はパソコンで手紙やはがきを出す人が増えました。今日のような多忙な社会では、止むを得ないことだと思いますが、字が上手、下手の問題ではなく、自筆で書くほど心のこもったものはないのです。

手紙やはがきを正しく書くことは、小論文で必要な①文の導入、②内容、③締めくくりの三つの要素と同じです。

手紙には、その人の人柄が反映します。今は故人となられた鹿児島重治さん（元人事院事務総長）は、人格・識見ともに豊かな方でした。たびたび手紙をいただいたことがありますが、この方の手紙を拝見すると、まさに「文は人なり」でした。

くどくどとした美辞麗句がない、無駄のない文章、論旨の一貫性、相手に対する敬意の気持ち、敬具の左下に自分の氏名を記す等、見習うべき良きお手本でした。

「はがき」による挨拶、礼状等は手紙と異なり、書くスペースが限られます。最初の書き出し、内容、締めくくり、が簡潔明瞭でなければなりません。はがきで文章を書くことは、即、小論文対策そのものに結び付きませんが、限られたスペースに当を得たしっかりとした文章を書くうえで訓練になるのです。短い文面で説得力のある文章を書くには、正鵠《せいこく》のある無駄のない文章を書かなければなりません。このため、考えて書くことが重要です。

漢字は正しく書かなければなりません。平素、ワープロやパソコンに慣れ親しんでいると、どうしても正しい漢字を書く習慣が疎かになります。答案は肉筆で書かなければならないだけに、平素から自筆で書く場を設けるようにします。

倫理・道徳観が文章に反映する

人間とは何か、人間はいかにあるべきか、について自分なりの考えをもつように努力すべきです。現代社会は、道徳・倫理が廃れ、事件、不祥事が相次いで起こっています。なぜ、このような事件が起こるのか、どうすれば事故、不祥事を防ぐことができるか、難しい問題ですが決め手となる自分なりの解決法が必要です。

小論文試験では、ずばり倫理・道徳について出題されることは少ないように思われますが、事故や不祥事の多い現代社会においては、やはり考えておくべき対策の一つです。

小論文対策は、試験に合格するための勉強法ですが、同時に、幹部としての人格、識見を高める努力が必要で、倫理、道徳観が求められます。そればかりではありません。人間は弱い存在ですから、いつも気力に満ち溢れているわけではありません。

弱気になったり、落ち込んだりして、いつも快適なリズムのある生活を送ることは難しいのです。そこで自らを励ますための気力や生活のリズムが必要です。

昇任試験の勉強も毎日、単調で地道な努力をしていると、マンネリ化してしまいます。明確な結果がでてこないと、努力していることに不安を感じたり、倦怠感が生じます。このような時には、自分を元気づけるための気分転換が必要です。

例えば、山本周五郎は私の好きな作家の一人ですが、沢山の本を書いています。なかでも「泣き言はいわない」（新潮社文庫）は、人間の〝生〟を真正面から肯定し、人生に迷う老若男女に生きる勇気と指針を与えてくれる名言集です。平易に書かれており、是非読んで欲しい一冊です。例えば江戸時代から偉人達に愛読されてきた中国の処世訓「菜根譚」（洪自誠）、人生、仕事、人間関係について書かれたアランの「幸福論」、バルタザール・グラシャンの「賢者の知恵」は、読むことによって勇気や希望を与えてくれます。迷いに対し、解決策を与えてくれます。

消防のこと、組織のこと、小論文のこと、だけに捕らわれていると、どうしても、ものの見方、考え方が狭くなります。情緒豊かな感性を養うには、どうすればよいか、人間とは何か、人生いかに生きるべきか、といった自分なりの生き方についての考えが必要です。人間としてしっかりとしたバックボーンを持つには、人間としての道に関する本を読むことです。

本を読み理論を学び、実践、経験を積むことによって人格、教養が豊かになれば、必然的に文章に投影され、話す内容も変わってきます。

戦後、誤った個人主義、自由主義の考えが普遍化し、道義的責任、道徳心、規律、他を思いやる心が著しく失われるようになりました。金儲けや知識、技術だけが先行し、規律、倫理、道徳観が消失しています。幹部として人格識見を高め、倫理・道徳観をしっかりと身に付けることが肝要です。例えば二宮尊徳、福沢諭吉、渋沢栄一、佐藤一斉等の倫理・道徳観を学び、人格・教養を高めるための努力が必要です。

第七講のまとめ

○「文は人なり」と言われるように、文章はその人の人柄や人格を表すので、文章の重要性について理解する。

○「手紙」、「はがき」、レポート、小論文等では、書く人の人格が表れるので「文は人なり」を意識し平素から倫理・道徳に関する本を読み人格の向上に努める。

○パソコン等、ＯＡ機器に頼り過ぎると、正しく漢字を書くことが難しくなる。自筆で文章を書く場をできるだけ設けるようにする。

第八講

昇任試験に失敗したならば

◆なぜ不合格か考えよ

◆試験の合否は、筆記・面接だけではない

◆小論文対策と能力開発・自己啓発

なぜ不合格か考えよ

試験でたびたび失敗する人がいます。不合格の理由を考えてみると……、

○ 年齢が少々若い、もう少し経験を積ませた方がよい
○ 総合得点で合否がすれすれ、上位の階級に昇任させる？　合格は見合わせ、もう少し努力精進をさせよう
○ 職場の風評があまりよくない、もう少し様子をみよう
○ 試験の成績は悪くはないが、どうも態度や言語がはっきりしない
○ 勤務評定書をみると部下に対する指導力が足りない、覇気がない

といった理由が考えられます。

一度や二度、試験に失敗したからといって落胆することはないのです。しかし、そうは言っても試験に失敗すれば嫌な気分で、自棄酒《やけざけ》の一杯でも飲みたくなります。そういう私も司令試験で一度失敗したことがあります。ところが何回受けても失敗する人がいます。三回、四回、それ以上になると、なぜ試験に合格できないのか悩む人がいます。

失敗が続くと自分より能力の低い彼奴《あいつ》が合格したのに、なぜ俺が不合格なのか？　試験の方法に問題があるんじゃないか？　と不満を抱く人もいるのではないかと思います。そこで大事なことは、試験で失敗したならば、自ら冷静に自己点検をしてみることです。原因は自らにあり、といった謙虚な気持ちで冷静に自らを検証する必要があります。

ある日のこと、見知らぬ人から突然、電話を受けました。「私は○○（以下Aという）といいます。実は先生の「消防小論文の書き方と対策」を読んで電話をしました。相談に乗って戴きたいのですが……」。消防本部、住所は、一切名乗りません。

「どのようなことですか?」と訊ねると、A君「私は、これまで昇任試験を数回、受けたのですが、いつも面接試験で不合格になります。なぜ不合格になるのか原因が分からないのです」。

話しの様子から察すると、消防司令試験を目指しているようでした。私は、突然の電話で、しかも今まで会ったこともない人からの相談です。一緒に勤務したことがないので、性格、人柄、平素の勤務状況、ものの見方、考え方、昇任試験の結果等、いっさい分かりません。正直いってどう答えたらよいか返答に窮しました。そこで情報を得たいと思い、探りの質問をしました。「あなたは、面接試験でどのようなことを聞かれましたか?」と訊ねると、A君「すでに退職した上司ですが、君のことについては、いろいろなところから情報が入っている」と口ごもりながら言われたと言うのです。これだ！　瞬時に私はそう感じました。「あなたは、今まで消防士長、司令補の立場で仕事をしてきたようですが、職場での人間関係で、何か思い当たることはありませんか?」と訊ねるとA君「私は、小隊長として真面目に、一生懸命、頑張ってきましたが、部下に対して少々、厳し過ぎたのではないかと思っております」。

私「不合格になった理由は、職場内の人間関係に問題がありそうですね、自分のことだけを考えて仕事をしてきてはいませんか、部下との信頼、上司、同僚との人間関係、人の気持ちを大切にしながら仕事をすることが大事ですよ」といいました。

一ヶ月ほど過ぎた頃、再びA君から電話がありました。ここでも前回と同じ質問でした。私は前回と同様、「筆記試験や面接試験だけでは合格はできません、平素の仕事、部下の指導のあり方等に問題はないか、自ら点検し改善に努めることですよ」。と答えました。

A君は、自らを客観視することなく、ひたすら試験に合格したい一心で、全神経を集中しているように感じました。自分は、平素、職場の中でどう評価されているか、部下とのコミュニケーションは円滑か、思い巡らせば、注意すべき点があったのではないかと思いました。

面接のとき試験官が、「組織内部からいろいろな情報が入っている」と言われたことに気がつかず、見知らぬ私に二度にわたって電話をしてくるのですから試験に合格したい一心で自分自身が見えなくなっているのだな、と思いました。

自分自身を客観的に冷静に見つめることが大事です。筆記試験や面接だけで合格するとは限りません。平素から上司や部下との関係において、信頼される絆を持つことが大事です。

その後、しばらくA君からは音信不通でしたが、しばらくぶりに電話があって「お蔭様で司令試験に合格しました。アドバイス有難うございました」。これがA君かと思うほど明るい元気な声でした。「よかったね、おめでとう！」私は自分のことのように嬉しく思いました。失敗しても諦めずに頑張ることが何よりも大事です。


昇任試験は、職場での勤務態度、人間関係、自らの人格識見を高めることが何よりも大事です。

① **人間としての誠意、人格・教養**
② **知識・技能**
③ **リーダーシップ・指導力**

を高める努力が必要です。

試験の合否は、筆記・面接だけではない

B 係長は、課内の他の係長が管理職（司令長）試験に合格し栄転していく中で、どうしたことか毎回、試験を受けては失敗するのです。

B君は、ある国立大学の工学部を卒業し、一級建築士の資格を持ち、専門的知識があります。仕事を頼むと驚くほど参考資料を持参し説明してくれます。性格は、温厚篤実、口数は少なく、地味なタイプで冗談が言えず、積極的に他とコミュニケーションを図るタイプではありません。嬉しいときは、眼鏡越しに可愛い眼をしてにやりと微笑みます。

B君は、不合格のたびに口にだしては言いませんが、自分は専門的知識や国家資格があるのに、何故、不合格になるのか、内心不満に感じていたに違いありません。

優秀な頭脳の持ち主ですが、性格からくるのか、自分の考えを明確に主張しません。ものごとに慎重で間違ったことを言ってはいけない、と思うのか意思表示が今ひとつはっきりしないのです。

職場のなかで、①リーダーシップ、②問題意識、③マネジメント力、④人間関係の四項目がそれぞれ優れ

ている人というのは、そうざらにはいませんが、特に、B君は、いずれも不得意で、おっとり型のタイプです。

いかに専門的知識があっても、持てる知識を応用しなければ宝の持ち腐れです。当たり前のことを当たり前に仕事を処理することは大事なことですが、専門的知識・技術があれば、これを活かすことが重要です。人の性格はそれぞれ異なるので一概に言えませんが、冗談の一つ、お世辞の一つも言えて他人に対する気配りも大事です。

繰り返しますが、①リーダーシップ、②問題意識、③マネジメント力、④人間関係、等は、専門的な知識、国家資格とは直接関係のない領域ですが、組織を構成する人間集団をコントロールするには、①~④の項目が極めて重要です。

建築設計事務所、建築研究所、学校・研究機関等に勤務するのであれば、組織や部下に対しあまり気にせず仕事をすることができるでしょうが、消防の社会は仕事の性格上、上に立つ者の強いリーダーシップ、組織を統括し、士気を高め、上司、同僚、部下との人間関係が重視されます。専門的な知識・技術を持つ人は、このことを、よく理解して欲しいのです。

小論文対策と能力開発・自己啓発

自己啓発は、自らを拘束し忍耐を強いられるので、決して楽しいものではありませんが、日常生活に習慣づければ苦になるどころか、むしろ充実した気分を味わうことができます。「継続は力なり」といいますが、努力を継続することで知らず知らずのうちに、能力を高めることができるのです。

明治を代表する偉人、渋沢栄一は、

○ 人は何事も楽しんで勉強するがよい。これが第一の摂生法（健康の増進を図ること）である。
○ 学問とは読書ばかりをいうのではない。実際の事物に当たりて事を処理するのが学問の本義である。
○ 学問すなわち実務、実務すなわち学問である。学問と実務とは、終始、離るるべからざるものとして生涯講習しなければならない。

と述べています。このことは大変、重要なことです。

上級階級へと進むに従って、物事に対する識見、判断力、決断力、知識、技術、人間としての教養、リーダーシップ、指導力、人生観、宗教心等が求められます。視野が狭いと言われないためには、日々のたゆまぬ努力が必要です。自己啓発を行わない幹部はマンネリ化して進歩発展がありません。これでは部下は上司の星の数（階級）と権限に敬意を表しても心から上司に信頼や敬意を払おうとはしません。小論文は、まさに幹部としての識見が問われるのです。

あとがき

この本の最初に述べたように、ここに書かれた内容は、私の知識・経験、参考とすべき図書によるもので、これが最良の考えであるとは思っていません。他にももっと優れた小論文対策があると思います。いろいろと参考になる手法を研究し、対比して自分流の能力向上策・ノウハウを構築することです。

大事なことは、単なる人の物真似ではなく、しっかりとした目標をたてて自己啓発を行うべきです。

終わりに一言……、

○ 目的に向かって徹底して本を読むこと
○ 「考え」、「知識・情報の整理」、そして「書く力」を養うこと
○ 創造性を持ち、自らのノウハウを構築すること

このことをモットーに努力してみて下さい。必ず道は開けます。

この本が、あなたの小論文対策に少しでもお役に立つならば、筆者として望外の喜びです。

終わりに、本書の出版にあたり、快くご承諾いただいた㈱近代消防社・代表取締役・三井栄志氏をはじめ、貴重なご指導、アドバイスをいただいた関係者の方々に、心から感謝とお礼を申し上げます。

平成二十一年秋

高見尚武

参考図書

澤田　昭夫「論文の書き方」……………………講談社学術文庫
澤田　昭夫「論文のレトリック」………………講談社学術文庫
本多　勝一「日本語の作文技術」………………朝日文庫
井上ひさし「自家製文章読本」…………………新潮文庫
坂本　　元「考える技術・書く技術」…………講談社現代新書
坂本　　元「続・考える技術・書く技術」……講談社現代新書
古郡　廷治「論文レポートのまとめ方」………ちくま新書
松下幸之助「指導者の条件」……………………ＰＨＰ文庫
鷲田小弥太まず「書いてみる」生活……………祥伝社新書
斉藤　　隆「原稿用紙10枚を書く力」…………だいわ文庫
樋口　祐一「樋口式「頭のいい人」の文章練習帳……宝島文庫
西研・森下育彦「考える」ための小論文………ちくま新書
高見　尚武「幹部の能力開発・自己啓発」……近代消防社
高見　尚武「消防行政管理…職場のリスクマネジメント」……近代消防社
高見　尚武　改訂「消防のリーダーシップ・部下指導」……東京法令出版

高見　尚武　「消防小論文の書き方と対策」……東京法令出版
大野　晋　「日本語練習帳」……岩波新書
奥村　隆一　「自分の考えをまとめる技術」……中経出版

《著者紹介》

高見　尚武（たかみ　しょうぶ）

東京に生まれる。

一九六一年三月　中央大学法学部卒業、東京消防庁に入庁。消防大学校副校長、予防部長等を経て退職。セゾン・グループ（顧問）、会社役員。消防大学校講師を経て、現在、企業危機管理士、災害リスク管理研究会代表、日本リスク・プロフェショナル学会評議員。災害危機管理、リスク管理に関する講師、執筆に携わる。

主な著書

「地震百科」（共著）　白亜書房
「災害事故トラブル解決大百科」（共著）　講談社
「実務のための消防行政法」　東京法令出版
「消防小論文の書き方と対策」　東京法令出版
「消防のリーダーシップ・部下指導」　東京法令出版
「災害危機管理のすすめ」（日本RP学会受賞）　近代消防社
「若き消防士に贈る言葉」　近代消防社
「消防行政管理…職場のリスクマネジメント」　近代消防社
「幹部の能力開発・自己啓発」　近代消防社

こうすれば小論文に強くなる

——消防小論文・上達のための戦略——

平成二一年一〇月二〇日　第一刷発行

著　者——高見《たかみ》　尚武《しょうぶ》　©二〇〇九
発行者——三井　栄志
発行所——近代消防社
〒一〇五—〇〇〇一
東京都港区虎ノ門二ノ九ノ一六（日本消防会館内）
TEL　〇三—三五九三—一四〇一（代）
FAX　〇三—三五九三—一四二〇
URL=http://www.ff-inc.co.jp
E-mail=kinshou@ff-inc.co.jp
振替＝〇〇一八〇—五—一一八五
印刷——長野印刷商工
製本——ダンク　セキ

検印廃止　Printed in Japan
落丁本・乱丁本はお取り替えいたします。
ISBN978-4-421-00782-4 C2037 定価はカバーに表示してあります。